祝迫敏之

IWAISAKO Toshiyuki

PDCAからCAPDへ

日本の再起動

文芸社

# まえがき
## ―PDCAからCAPDへ―

　国民は誰でも美しい国日本を良くしようと願い、希望を持っている。しかし不思議なことに国も団体も個人も次の質問に的確には答えてくれない。

　・日本は30年間成長していないのは何故か？

　・勤勉な国民は努力しているのだ。何故成長しない？

　・世界No.1の良き時代があった。もうなれないのか？

　……

　本稿はこれらの疑問点を明らかにするため、公開されている情報を紹介し、自らの体験を基にして日本の再生を提言する。

　私達はパソコンを使って仕事をしている。パソコンは機器なのに利用者が新しいことを始めると再起動を求めてくる。応じなければ機能はそのままで新しいことは実行できない。多くの個人や企業は再起動によるバージョンアップやアップデートで仕事の効率・効果を上げている。

　どの国の政府も制度や仕組みを変えながら国民の生活環境を変更していく。制度や仕組みの中に新しい革新的な機能があれば、生活環境は一変して向上する。新しいだけでは変化しても国際競争においては退歩を意味している。

　本稿では日本が長年にわたり革新的な機能を導入しない原因に触れ、結果として再起動の必要もなく沈んだままであることを指摘する。更にこの状況から脱却するために再起動の方法を提言する。その方法こそCAPDである。一刻も早くPDCAを捨てよう。

　戦後復興期を経て世界No.1になったが、約30年後経っても日本はほとんど進歩せず、世界はもっと先に進んでいる。今こそ、将来に挑む若者が世界の若者と共に日本で活躍する日が来ることを切望する。

　一人一人が日本をCAPDで再起動することにより、将来の日本に再び明るい陽が昇る。

2023年8月1日　祝迫　敏之

# 目　次

# 図　一覧表

## 表　一覧表

# 第1章　事実を知ろう

## 1.1　日本は強いの？　弱いの？

　日本の強さを一般国民がどのように理解しているであろうか？　これについては統計がなく分かっていない。しかし、何事も確かな事実があればそれを知ることから始められる。ここでいう事実とは誰でも入手できる公表された客観的データ等であり、知ろうとすれば容易に可能な時代になっている。

　事実に無関心な人々は日本は競争力があると云い、ネット情報に通じている多くの人々はその事実は当たり前として受け流す。これは政治派閥に似ており、無関心な層が圧倒的に多いと筆者は推測する。まずはデータを見ることから始めたい。

　国の強さはいろいろな指標で論じられている。真の強さという定義はないので、ここではGDP、貿易額、研究開発力等一般に公表されて誰でも見られる指標を比較するにとどめ、真の評価は専門的機関の諸データを参考にすることをお勧めしたい。

　代表的指標のGDPは民需＋政府支出＋貿易収支で示される。ここでは名目GDPで2020年予想を入れた数値を示した。

　図1でみられるように米国と中国が群を抜いている。日本は下位グループで両国の足元にも及ばない。20年前は断トツの米国に次いで悠々と2位を誇っていた我が国の姿がまだ記憶にこびりついてはいないだろうか。そうでなくとも30年間名目GDPがほとんど横ばいであることをどれだけ国民が認識しているのだろうか？

　横ばいであるということは安定していることではなく、競争の世界ではマイナス成長を意味している。図1をよく見ると日本を除いた諸国は成長しているのが分かる。成長率については後で触れる。

## 図1 GDPの成長

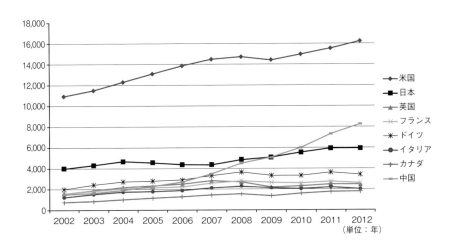

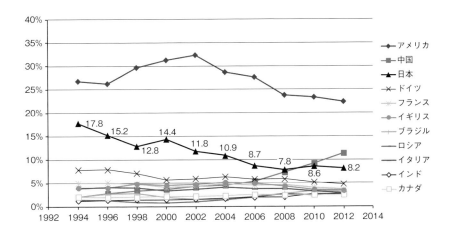

出典：内閣府（https://www8.cao.go.jp/cstp/tyousakai/kihon5/1kai/siryo8-2-2.pdf）
資料8-2（cao.go.jp）

一方GDPは国全体の活動量を表しているが、国民一人一人の活動量を国ごとに比較する場合には人口で割った値が参考にされる。この値は図2-1に示され、日本の凋落ぶりが分かる。世界No.1として注目された1980年代までに活躍された方々は、一人当たりのGDPが主要国の中で20位以下であることに驚かれるのではないだろうか。これは給料そのものではないが個人収入に関係するデータであり、認めなければならない事実である。

　30年前はアメリカに次いで給料も高いと感じていたが、これ程多くの国に抜かれている事実を実感できているであろうか。このことは図2-2が示すようにアジアにおいても同様であり、成長どころか20年間止まっているのが不思議ではないだろうか？

## 図2-1　一人当たりのGDP

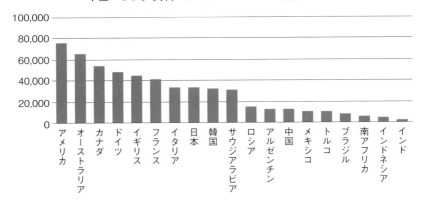

一人当たり名目GDP（2022年）EUを除くG20 参加国
単位：US＄ 資料：GLOBAL NOTE 出典：IMF

資料：GLOBAL NOTE（出典：IMF）から筆者作成

## 図2-2　一人当たりのGDP（アジア）

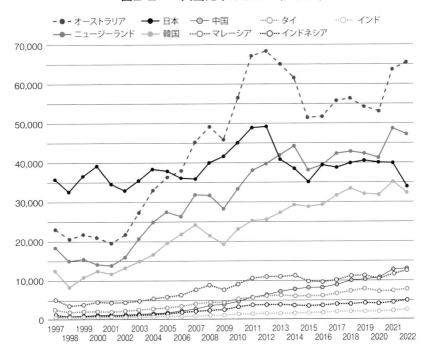

資料：GLOBAL NOTE　出典：IMF

次に世界の諸国のGDPは現在までにどのような変化をしたかを表1に示す。

この表の数値からみて取れるのは、30年前に成長を誇っていた日本が衰退していく姿である。これまでは新興国が追い上げ、先進国がリードするのが常識であった。

驚き悲しみ悲観するようなデータしか存在しないが、なぜこうなったかを検証しながらその原因に迫るのが本書の趣旨である。

国の力は事情の異なる国々を直接比較するには無理がある。しかし、GDPは客観的なデータであり、言い訳できない実力、つまり国際競争力である。

以上競争力を示すいくつかのデータに触れたが、日本だけが止まったままの姿であり動かないのはなぜだろうか。

図1、2は国民一人一人の絶対的な豊かさを示すものではないが、何らかの活力に関わるとすれば、未来に対して参考にしなければならないデータといえる。また、次ページの表1が示すように1990年以降の世界各国のGDPは成長しているのに、日本のみが成長せず横ばいなのはなぜだろうか？　これに迫りたいということに本書の出発点がある。

**多くの人が国のため次のように指摘し、答える。**

|  |  |  |
|---|---|---|
| 日本は止まっているか | → | 止まっている |
| なぜ止まっているのか | → | 政官産のあれこれがよくない |
| 何が良くないのか | → | たくさんある（枚挙に暇がない） |
| どうしたらよいのか | → | 目標を持てばよい |
| 今後はどのように？ | → | 日本の良さを継続したらよい |
| 具体的には何を | → | 答えない |

**具体論がなく、実行しないで、この国を救えるのであろうか？**

## 表1　OECD加盟国の一般政府財政収支（対名目GDP比）

（単位：％）

| 国（地域） | 2009 | 2010 | 2011 | 2012 | 2013 | 2014 | 2015 | 2016 | 2017 | 2018 |
|---|---|---|---|---|---|---|---|---|---|---|
| OECD加盟国 a | -8.7 | -8.2 | -7.0 | -6.1 | -4.4 | -3.7 | -3.1 | -3.0 | -2.2 | -2.9 |
| アジア | | | | | | | | | | |
| 日本 | -9.8 | -9.1 | -9.1 | -8.3 | -7.6 | -5.4 | -3.6 | -3.5 | -3.0 | *-2.4 |
| イスラエル | -6.3 | -3.5 | -2.9 | -4.3 | -4.0 | -2.3 | -0.9 | -1.4 | -1.1 | -3.6 |
| 韓国 | -1.5 | 0.9 | 1.0 | 1.0 | 1.3 | 1.2 | 1.2 | 2.2 | 2.7 | 2.8 |
| 北アメリカ | | | | | | | | | | |
| アメリカ合衆国 | -13.3 | -12.6 | -11.1 | -9.4 | -6.0 | -5.4 | -4.7 | -5.5 | -4.3 | -6.7 |
| カナダ | -3.9 | -4.7 | -3.3 | -2.5 | -1.5 | 0.2 | -0.1 | -0.4 | -0.3 | -0.4 |
| ヨーロッパ | | | | | | | | | | |
| ユーロ圏 | -6.2 | -6.3 | -4.2 | -3.7 | -3.0 | -2.4 | -2.0 | -1.5 | -0.9 | -0.5 |
| アイルランド | -13.8 | -32.1 | -12.8 | -8.1 | -6.2 | -3.7 | -2.0 | -0.7 | -0.3 | 0.1 |
| イタリア | -5.1 | -4.2 | -3.6 | -2.9 | -2.9 | -3.0 | -2.6 | -2.4 | -2.4 | -2.2 |
| エストニア | -2.2 | 0.2 | 1.1 | -0.3 | 0.2 | 0.7 | 0.1 | -0.5 | -0.8 | -0.6 |
| オーストリア | -5.3 | -4.4 | -2.6 | -2.2 | -2.0 | -2.7 | -1.0 | -1.5 | -0.7 | 0.2 |
| オランダ | -5.1 | -5.2 | -4.4 | -3.9 | -2.9 | -2.2 | -2.0 | 0.0 | 1.3 | 1.5 |
| ギリシャ | -15.1 | -11.2 | -10.3 | -8.9 | -13.2 | -3.6 | -5.6 | 0.5 | 0.7 | 1.0 |
| スペイン | -11.3 | -9.5 | -9.7 | -10.7 | -7.0 | -5.9 | -5.2 | -4.3 | -3.0 | -2.5 |
| スロバキア | -8.1 | -7.5 | -4.5 | -4.4 | -2.9 | -3.1 | -2.7 | -2.5 | -1.0 | -1.1 |
| スロベニア | -5.8 | -5.6 | -6.6 | -4.0 | -14.6 | -5.5 | -2.8 | -1.9 | 0.0 | 0.8 |
| ドイツ | -3.2 | -4.4 | -0.9 | 0.0 | 0.0 | 0.6 | 0.9 | 1.2 | 1.2 | 1.9 |
| フィンランド | -2.5 | -2.5 | -1.0 | -2.2 | -2.5 | -3.0 | -2.4 | -1.7 | -0.7 | -0.8 |
| フランス | -7.2 | -6.9 | -5.2 | -5.0 | -4.1 | -3.9 | -3.6 | -3.5 | -2.8 | -2.5 |
| ベルギー | -5.4 | -4.1 | -4.3 | -4.3 | -3.1 | -3.1 | -2.4 | -2.4 | -0.7 | -0.7 |
| ポルトガル | -9.9 | -11.4 | -7.7 | -6.2 | -5.1 | -7.4 | -4.4 | -1.9 | -3.0 | -0.4 |
| ラトビア | -9.5 | -8.6 | -4.2 | -1.2 | -1.2 | -1.4 | -1.4 | 0.1 | -0.5 | -0.7 |
| リトアニア | -9.1 | -6.9 | -9.0 | -3.1 | -2.6 | -0.6 | -0.3 | 0.2 | 0.5 | 0.6 |
| ルクセンブルク | -0.7 | -0.7 | 0.5 | 0.3 | 1.0 | 1.3 | 1.4 | 1.8 | 1.4 | 2.7 |
| ユーロ圏以外 | | | | | | | | | | |
| アイスランド | -9.5 | -9.5 | -5.4 | -3.6 | -1.8 | -0.1 | -0.8 | 12.4 | 0.5 | 0.8 |
| イギリス | -10.4 | -9.3 | -7.4 | -8.1 | -5.5 | -5.5 | -4.5 | -3.2 | -2.4 | -2.2 |
| スイス | 0.5 | 0.4 | 0.7 | 0.4 | -0.4 | -0.2 | 0.6 | 0.3 | 1.2 | 1.4 |
| スウェーデン | -0.7 | 0.0 | -0.2 | -1.0 | -1.4 | -1.5 | 0.0 | 1.0 | 1.4 | 0.8 |
| チェコ | -5.4 | -4.2 | -2.7 | -3.9 | -1.2 | -2.1 | -0.6 | 0.7 | 1.6 | 1.1 |
| デンマーク | -2.8 | -2.7 | -2.1 | -3.5 | -1.2 | 1.1 | -1.3 | -0.1 | 1.5 | 0.6 |
| ノルウェー | 10.2 | 10.9 | 13.3 | 13.8 | 10.7 | 8.6 | 6.0 | 4.1 | 5.0 | 8.1 |
| ハンガリー | -4.7 | -4.4 | -5.2 | -2.3 | -2.5 | -2.8 | -2.0 | -1.8 | -2.4 | -2.3 |
| ポーランド | -7.3 | -7.4 | -4.9 | -3.7 | -4.2 | -3.6 | -2.6 | -2.4 | -1.5 | -0.2 |
| オセアニア | | | | | | | | | | |
| オーストラリア | -4.2 | -4.2 | -3.8 | -3.1 | -2.0 | -1.8 | -1.2 | -1.7 | -0.8 | 0.0 |
| ニュージーランド | -2.9 | -7.0 | -4.1 | -2.3 | -0.7 | 0.2 | 0.3 | 1.2 | 1.1 | *0.9 |

a　トルコ、メキシコ、チリを除く

総務省統計局の「世界の統計2020」より筆者作成

以上GDPについて触れたが、日本は強い・弱い、どちらだろうか？

　GDPは3位で誇らしいが個人レベルでは20位以下で、しかも成長が約30年にわたり止まっていて、相当暗いものを感じざるを得ない。

　では、1990年以前はどんな日本であったのか？　間違いなく日本が良い時代があったのだ。それにも拘わらずなぜ研究し、学習や反省の対象にしないのだろうか。

　良き時代に活躍した多くの方は、社会学者エズラ・ヴォーゲルの著書『Japan as Number One: Lessons for America』(1979) と、MIT産業生産調査委員会　著、依田直也　翻訳の『Made in America』(1990) を思い起こすに違いない。

　後者はアメリカでベストセラーになり日本にも刺激を与え、ついに吉川弘之先生監修の『メイド・イン・ジャパン』が出版された。しかし、それ以降日本では学習と反省をせず変革なしで今日に至っている。世界で騒がれたにも拘わらず、この本は広くは読まれず結果として参考にされることはなかった。吉川先生の『メイド・イン・ジャパン - 日本製造業変革への指針』が出版されても日本の新たな潮流は見られず今日に至っている。

　まずは後者の『Made in America』を概観すれば何が重要かを確認できる。各章にある反省点は日本に負けていることを認識しており、いかに日本が強かったかをうかがい知ることができる。日本はこれを生かす道はあったに違いない。

## 『Made in America』目次

MIT（マサチューセッツ工科大学）の教授陣の多くは企業の経営者を兼務しているといわれ、上記のように日米の違いを徹底して調査した。勤勉といわれた日本は、1990年頃までは化学産業と宇宙産業を除き多くの分野でアメリカに勝って、No.1であったことは驚くべきことであった。しかし、もっと驚くことは、この後、他国との差が急速になくなったことである。日本は強みに固執し、他国は変化したからではなかろうか。比較は相対的なものであるので、その要因を追求すればよい。強み弱みを研究することなく、日本の良さのみを継続するのでは、国際競争力が急落するのは必然的と言わざるを得ない。

　日本を知ったアメリカに危機感が生まれ、MITを動かしたことは想像できるが、彼らの優れているところは学習し、反省し、変革へ転換したことである。では何をしたのだろうか？

　右の図が『Made in America』第13章の結論であり、この時期からアメリカは変貌を遂げることになる。筆者は専門家ではないが、欧州がなぜかこの時代からアメリカに歩調を合わせていることに気が付いた。例えば、M&Aでありスペシャリティであり、日本は何十年も遅れてからしかこの体質に馴染めなかったことが挙げられる。

## アメリカの戦略

1. プロダクティブ・パフォーマンスを向上させる
2. 低生産性の原因である勤労態度を改革し、組織を強化する
3. 世界市場に対応するアメリカ企業を育成する
   日本に対抗できるアメリカ企業は存在している
4. 創造性、起業家精神、国民のエネルギーをアメリカの将来
   を約束するものとして強化する

『Made in Americaアメリカ再生のための米日欧産業比較』著／M.L.ダートウゾス、R.K.レスター、R.M.ソロー、翻訳／依田 直也（草思社）より筆者がまとめた。

## 1.2　国際競争力

　国の強さを表す指標に国際競争力がある。代表的なものにIMDとWEF両機関による評価が挙げられる。前者による調査結果が表3に示すように、1990年代から日本は急激に低位へ転がり落ちていくのが理解できる。

　前述したように日本が何もしなかったわけではなく、他国が変革したことによるものであることを示唆する。奇しくも『Made in America』が出版された時期が節目になっている。変革が単純ではないことは、よくは理解されていない。日本の政官民は同じ組織・体制で同じ期間・年数で同じ予算の組み替え・取り合いが多く、内部の調整や管理に大きなエネルギーを消耗するといわれる。表3を知りながら何もしないところに真の原因があると推測される。

## 表2　国際競争力の推移

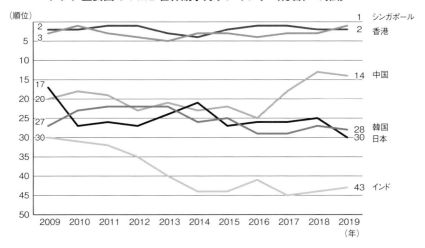

アジア主要国のＩＭＤ世界競争力ランキング（総合）の推移

内閣府資料、国際経営開発研究所（IMD）「World Competitiveness Ranking」により作成（https://www5.cao.go.jp/keizai2/keizai-syakai/future2/20200330/shiryou2_3.pdf）

## 表3　日本の国際競争力の減退

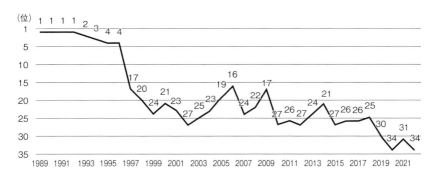

出所：株式会社三菱総合研究所「IMD「世界競争力年鑑2022」からみる日本の競争力　第1回：データ解説編」https://www.mri.co.jp/knowledge/insight/20220927_2.html閲覧日2023・6.1

## 1.3 日本の貿易

　貿易の大きさも国力を示す指標である。我が国の製品やサービス等の輸出に沸いた輝かしい過去があった。一方、経済性や国際競争力のような国力を表すには貿易収支を見る必要がある。図3にみられるようにこの10年間の輸出額は回復したが、収支は低落した姿で、ここでも立ち止まっている日本の姿がある。

## 図3 貿易収支の推移

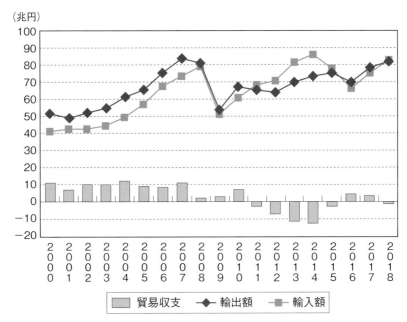

資料：財務省「貿易統計」から作成。

出典：経済産業省ウェブサイト（https://www.meti.go.jp/report/tsuhaku2019/2019h
onbun/i2310000.html）

## 1.4 研究開発

研究開発費は将来の産業を生み出し、GDP拡大を約束する重要な指標である。

世界各国の研究開発費は、前に述べたGDPと類似の傾向を図4が示している。つまり、日本は低位グループでは目立っているが、米、中国に比べて圧倒的な差がある。

ここで研究開発の本質について触れてみたい。本来研究開発は現状の経営状況を改革する目的で資源を投入し、発見や発明を創出するのが目的である。その結果、新製品や新システムが生まれるが、資源投入で最も重要なのは基礎研究である。基礎研究は未知の領域に挑戦し、画期的変革を可能にする。国際競争力を上げるには基礎研究が重要であることが理解できる。今後の日本は図5のように低い基礎研究費の比率を上げることによりノーベル賞受賞にも大きな効果をもたらすと期待される。

以上いくつかの指標をもとに日本の特徴に触れた。強い日本と急速に弱っていく日本の姿が浮き彫りになった。この章ではそれぞれの原因については触れない。

しかし、日本の過去30年を通して一貫して変化しない不思議な罠があった。それは、タコツボのようなものを自ら作り、自ら入り、自ら出ることはなかったことである。

## 図4　研究開発費の推移

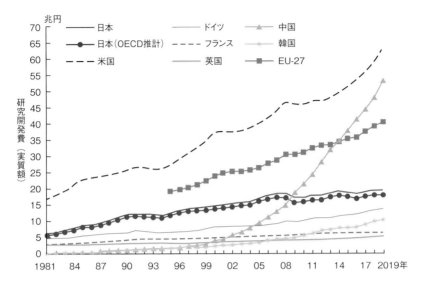

出典：文部科学省「科学技術要覧」(https://www.nistep.go.jp/sti_indicator/2021/RM311_11.html)

## 図5　主要国等の基礎研究費割合の推移

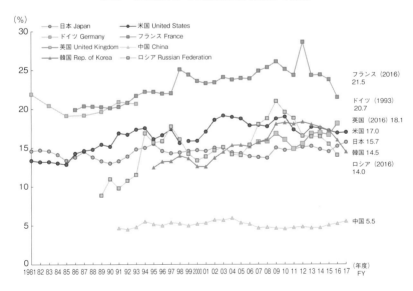

出典：文部科学省「科学技術要覧」(令和元年度版)(https://www.mext.go.jp/content/20200420-mxt_chousei01-20200420113803_3.pdf)

## 1.5 まとめ

公開されている情報を中心に、日本の現状はどのようになっているかを探ってきた。

その結果、共通認識として次の結論に到達した。

1) 1990年頃迄に輝かしい成長を遂げ世界No.1になった。

2) 同時期以後、世界の主要先進、新興国は大きく成長した。

3) 日本は成長が止まり、その結果、国際競争力が低下した。

4) この要因は過去の強さへの固執にあると推論される。


**日本は止まっている！**

## 図6　日本の成長は止まっている

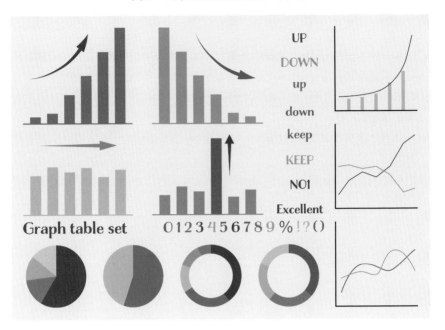

# 第2章　日本の現実

　日本の強みと弱みはすでに述べた通りで、強みを生かし弱みを捨てれば解決という原理原則がある。しかし、これができなかったのが日本の歴史である。その原因は強みの理解不足か弱みの理解不足のいずれかではなく、両者にあると考えられる。

　この章では日本の強みといわれたPDCAを分析評価し、変化への足掛かりに迫る。

　PDCA（Plan-Do- Check -Action）。PDCAとは、ご存じの通り、計画→実行→評価→改善の4段階を繰り返して業務を継続的に改善する方法である。

　世界に冠たる管理手法といわれたPDCAをよく理解すれば、Japan as Number Oneが頼もしくも見える一方、時代とのミスマッチングに気付かざるを得ない。

　結論を先に述べる。**PDCAはPDの繰り返しでサイクルは回らなかった。その原因は、幹部はPDの意味が分からず、放任して管理に重点を置いたことにある。日常PDの繰り返しが行われていたのだ。**

## 2.1　PDCAの歴史

　日本が誇るPDCAはどのようにして生まれたのか。PDCAには管理手法と科学的方法論があり、日本では前者が深く根付いてきた。

　図7にみられるように管理手法は1947年アルビン・ブラウンが提唱したPDSが始まりといわれる。日本でも長年にわたり企業で採用され、PDSの文言は多くの人が忘れることができない。ここでのS（See）は点検の意味で使われており、Planに対して対比する表現であった。

　1950年になるとエドワーズ・デミングが統計的品質統制 SQC（Statistical Quality Control）を日本に紹介した。

　翌1951年に日本科学技術連盟がこれを独自のPDCAサイクルとして展開推進した。

　Plan-Do- Check -Actionの幕開けである。

　時代が進み1986年にデミングは再度日本に対して提言を行い、日本の

PDCAは正しい方法ではないと忠告をした。しかし、日本の社会は製造業を中心に独自PDCAが全ての規範になっており、この提言は受け入れる必要がなく注目されることはなかった。30年経過した現在でも専門家による教育・訓練が充実し、成功物語となった。

　一方、デミングの品質管理手法は企業経営に大きな影響を与えたことも事実である。

## 図7　各サイクル手法の比較

### PDCAサイクルの歴史

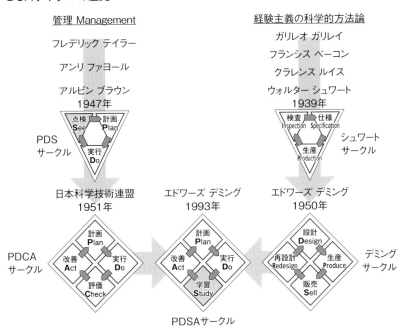

出典：アイ＆カンパニー　入江仁之

## 2.2　PDCAの仕組み

　戦後10年は荒廃からの復興を最大の目標として、国民が総力を挙げて突進していた。

　ほとんどの物資や食糧が不足しており、生産や仕組みの手本もなく、財政的にもなす術がないほど疲弊していた。そこへ新しい道としてPDCAが導入され、はるかに先をいくアメリカを模倣するのが最短の道であった。

　多くの解説書や入門書では概ね次のように紹介されている。

　PDCA = Plan → Do → Check → Action

　　Plan　　＝計画　　5W1Hで実行計画を立てる

　　Do　　　＝実行　　計画を基に実行する

　　Check　＝評価　　結果が計画通りであったかを検証する

　　Action　＝改善　　検証で乖離があったら改善をする

　この4つのステップを繰り返し実施することにより、持続的にスパイラルな改善が達成できるとしている。

## 図8　PDCAサイクルの概略図

## 2.3-1　PDCAの特徴

　4つのステップが効果的に実行されれば、理想的システムといっても過言ではない。

　しかし、本当であろうか？「効果的に実行されれば」という仮定の上に成立しているのであり、この仮定が実証されなかったのが日本の姿ではないだろうか。その理由は極めて簡単である。ここで、第1章の「1.5まとめ」で述べたことを思い出していただきたい。


　日本は、

　ⅰ）戦後復興を遂げ、高度成長を達成した。

　ⅱ）PDCAで生産管理、経営手法で世界No.1になった。

　ⅲ）30年間成長が止まり、国際競争力は大きく低下した。

　ⅳ）過去の強さへの固執があり、壺に入り込んで出てこない。

　この壺こそ不思議な罠＝PDCAである。


　前にも述べたようにPDCAが全て悪いわけではない。長所と短所があるのだ。

　これを効果的に使えば威力を発揮し、効果的に使わなければマイナスとなる。

　ここで重大な次の点に注目して後で思い出していただきたい。それは、

　P（計画）：目標を設定し、計画を立てる。

　の部分で、目標は誰がどのように設定し、計画は誰がどのように立てるのであろうか？

## 図9 ニッポンのスゴイ"PDCA"サイクル

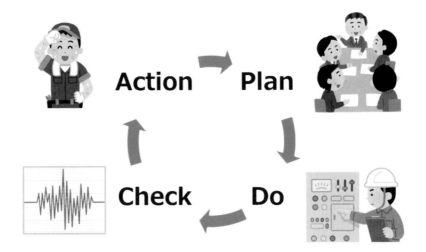

**P （計画）:目標を設定し、計画を立てる**
**D （実行）:計画された作業を、実際に現場で行う。**
**C （評価）:実行された結果を分析し、問題と要因を探る。**
**A （改善）:評価に対する改善を行い、品質を向上させて計画へ進む。**

ITmedia「AI導入はPDCAから"DGWA"サイクルへ」マスクド・アナライズ作成

## 2.3-2　PDCAの長所

　世界の各国から技術を導入し製品を輸出して成長した日本は、PDCAという強力なツールを最大限活用したといわれている。その背景には国民の勤勉さと国民性が密接に関わっている。

　前者は勤労意欲に燃え、多種多量の物資を盲目的に輸入しつつ、ほとんどの技術を模倣し、生産・消費・輸出を増大させてGDPに大きく貢献することになる。これには日本の労働者の賃金が図10に示されたように、低く抑えられることが寄与し、「安かろう、悪かろう」の悪評が世界を駆け巡っていた。

　それでも努力した日本は後者の特徴を生かしながら、ついにNo.1の座に登りつめた。日本人を表す国民性を我々は知っている。

　　イ）我慢と忍耐
　　ロ）八方美人と和の心
　　ハ）少欲と知足
　　ニ）勤勉と従順

　我慢と忍耐で、復興から高度成長を達成した。
　八方美人と和の心で、国も企業も家庭も調和を保った。
　少欲と知足で、破壊的拡大をせず他国に被害を与えなかった。
　勤勉と従順で、国内外ともに統制が取れ、非難されなかった。

　このように素晴らしい過去があったことは間違いのない誇るべき事実である。つまり、日本の国民は一丸となって邁進した。これは責任や権限やリーダーシップは無用であり、皆が有能で手を取り合った姿である。

## 図10　日本国民の賃金推移

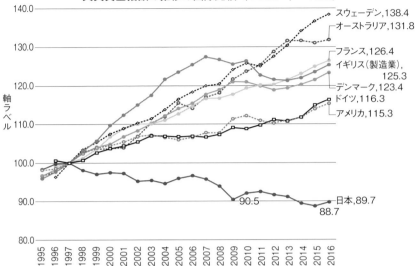

実質賃金指数の推移の国際比較（1997年＝100）

スウェーデン,138.4
オーストラリア,131.8
フランス,126.4
イギリス（製造業）,125.3
デンマーク,123.4
ドイツ,116.3
アメリカ,115.3
日本,89.7
90.5
88.7

出典：oecd.statより全労連が作成（日本のデータは毎月勤労統計調査によるもの）。
注：民間産業の時間当たり賃金（一時金・時間外手当含む）を消費者物価指数でデフレートした。
オーストラリアは2013年以降、第2・四半期と第4・四半期のデータの単純平均値。仏と独の2016
年データは第1～第3・四半期の単純平均値。英は製造業のデータのみ。

出典：OECDより全労連が作成

## 図11　平均年収

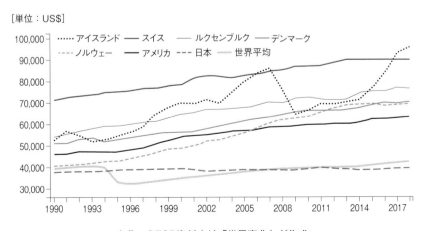

[単位：US$]

アイスランド　スイス　ルクセンブルク　デンマーク
ノルウェー　アメリカ　日本　世界平均

出典：OECD資料より「世界事典」が作成

## 2.3-3 PDCAの短所

　物事に表裏があるようにPDCAにも短所がある。これを効果的に使わなければマイナスになることを述べた。効果的とは何に対してかを明確にしなければならない。効果的とは他の国に対して競争力を持つことを意味する。日本が高度成長した1990年頃までは図1（p9）が示すように日米が大きく成長し、効果的であった。

　問題はそれ以降日本の成長が30年間止まっているが、PDCAを駆使したにも拘わらず効果を発揮しなかったのだろうか？　何も変えていないからその政策は間違いといえないだろうか。

　これまでに紹介したいくつかの図表からは、他の国が変化し日本だけが変化しないことが分かっている。日本を変えない何か大きな力、あるいは日本が変えることのできないシステムがあったと判断する必要はないのだろうか。PDCAそれ自体に問題があったに違いないと推論される。

　PDCAを詳しく知る前にもう一度、外国から我が国に対して出された忠告に触れたい。デミングは1980年代にPDCAは正しくないと忠告した。その主張はCheckとは停止、監視等の意味合いがあり、これに対してPDSAを提案した。SはStudy（学習）で深く検討することを意味しており、少なくとも計画と結果を比較することや上司が報告を受けることとは目的が全く異なっている。

　さらに注目すべきことは、実際はスパイラルサイクルが回っていないという現場の声が非常に多いことである。表向きは全ての立場の業務も忠実に推進されているのに、なぜこのような声が裏側に存在しているのだろうか？　その理由は改善がなされていないからという明快な結果がその存在を示唆している。

**図12　PDCAのサイクルは回っていないとの声が多い**

## 2.4　PDCAの具体例

　日本的業務を理解するには国外の目を通してみるのが好ましい。前掲の
『Made in America』で紹介したように、良き時代の日本の業務は統制の取れ
た組織的協調体制が基本になっている。すなわち三種の神器と呼ばれた次の体
制で構成されている。

### 年功序列制、終身雇用制、企業組合

　年功序列により先輩と後輩は固定化され、定年までは雇用と賃金が保証され、
組合によって強固に雇用が安定化されていた。

　現在でも多くの企業がピラミッド型組織を採用している。シニアマネジャー
は役員あるいは上層幹部の偉い人で、ミドルマネジャーは部長、課長、係長あ
るいはそれ相応の責任者と呼ばれる中間層幹部であり、企業の規模が大きいほ
ど多層構造を形成している。これだけの強固な組織で遂行される業務には何の
問題もないように見えるが、ここに問題があることを実務社員はよく理解して
いる。

# 図13　ピラミッド組織とフラット組織

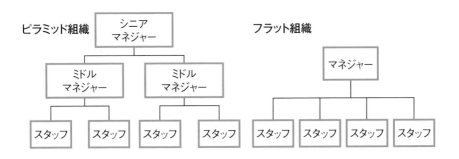

野村総合研究所の図をもとに文芸社作成

## 2.5 まとめ

PDCAは長年にわたり日本社会に確固たる基盤を築いていることが分かった。提唱者の期待はスパイラルサイクルであったが、この章で明らかになったようにP-Dの繰り返しサイクルに過ぎず、P-D-C-Aサイクルからははるかに遠く、回ってはいなかった。

半年や1年の行事ではなく、毎日陽が昇るように毎日PDCAを回すことは可能なのに。

そのヒントはPDCAその中にあった。仕組みをCAPDに変えることから始まる。

復興の時代はP-Dのみで世界No.1になった。

CAPDに変えれば世界に追いつき追い越せる。

世界のリーダーとして明るい未来の日本を構築しよう。

# 第3章　変えよう日本

## 3.1　サイクルの罠

　実際に実施されるPDCAはケースバイケースで複雑である。そこには国民性に関わる強固な本質が貫かれている。これが罠であることを2.3で述べた。

　以下に業務プロセスでみられる具体例として、一般的な企業の年度予算管理を模擬的に示した。

【P】最初に始める重要な計画である。

　予算作成担当者（Who）が年度行事として自発的（When）に作成を開始する。

　方法（How）は旧予算書の改善手直し案（What）を審議会（Where）に提出する。

　審議会で上司はヒアリングの姿勢で臨み、質問と個別の案件を追加して承認する。

　上司は一見怖い存在であるが、部下より詳細は分からずとも部下を信頼する。

　多層構造では同じようなやり方でマイナーチェンジを繰り返し、満足して終わる。

（評価）競争力ある新しい予算書ができたかと問えばNOである。

　　　　ゼロベースの視点がなく、昨年度の予算書から大きくは外れない。

　　　　優秀な担当者が5W1Hで作成しており、上層の優秀な幹部は何かしたか？

　　　　PDCAのサイクルがよく回ったと喜び、和の心を尊ぶ手法は見事である。

【D】実務担当者に権限移譲するステップである。

　上司は「お前に任せる。責任は俺が取る」でスタートする。取るかどうかは分からない。

「任せる」というのは素晴らしい言葉である。しかし、この文言が権限移譲でないことを知っている人は意外と少ないのではないか。上司は度々報告会を開き、自分のやり方（How）を強要することが多い。権限を与えてうまくいかなければ責任を問う。

「責任を取る」も日本的で、責任を取る上司は少ない。不祥事が発覚した時に

分かるように、部下が責任を問われることが多い。

（評価）上層幹部が定期的に各部署を訪れ、現場が緊張するヒアリングが行われる。

　経過を褒められ激励を受けて、ストレスが解消できるステップでもある。

　しかし、何も変化しない。小集団活動は多くの企業に定着している。

【C】計画と結果の差異を評価する。

　優秀な部下は、差違がマイナスにならないような計画を作成する。それはCheckが監視に似た個人的査定の意味合いを感じるからであるが、幹部には悪意はない。上層部では組織の評価にもかかわるので、マイナスがプラスになるよう計画をやり直す。

（評価）大きな差異が生じないようバランスを保つ作業へ向かう。

　　　　大きくプラスであれば大喜びし、原因を追及しない。祝杯を挙げ、平和である。

【A】改善（改革）をするための重要なステップである。

　しかしすでに前ステップで終了しており、確認の意味しかない。

（評価）実質、この機能は存在しない。

## 図14　サイクルの罠

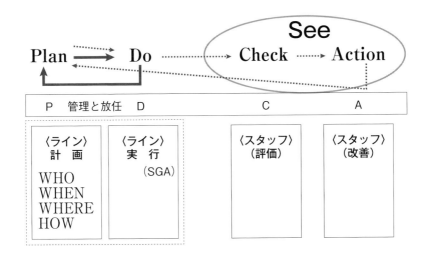

筆者作成

## 3.2　CAPDの本質

　CAPDは、PDCAの同じステップを並べ替えただけではない。すでに前章で触れたように、高度成長時代であれば順番はどうでも良く、実行することに意味があった。なぜなら、良き時代は有能な国民に支えられていたからである。組織としても自信が漲っていた。今は違う。

　現在では、

「Pより始めよ」で、Plan（計画）を作れと命じたら何ができるのか？

　できた案について次の質問をしてみる。

1）　どのようにして作ったか？

2）　競争相手はどう事業展開をしているか？

3）　作成案はコスト、品質、価格、顧客面で競争力はあるか？

4）　伸び悩んでいるとすれば、どのような戦術があるか？

5）　会社の経営方針に沿っているか？

　限りなく質問や詰問が可能である。想定される回答は、

1）　前計画を見直して、より強化した。

2）　大きな変化はなく、我が社とも均衡を保っており、負けてはいない。

3）　お客様の評判は悪くはなく、クレームには即対応している。

4）　さらに伸ばすには別途調査が必要です。

5）　方針には沿っているが、戦略や事業方針との関係が分からない。

　一般的な優等生の回答になる。上司は予算を増やさずに略了解してGoとなる。

**では　スパイラル・ジャンプアップ　したか？　→　しない**

**何か変わったか？　→　変わらない**

やはり阻害するものがある。日本を変えないものはPDCAである。（2.3-3参照）

　それではPDCAの何が「変えないもの」か？　読者はもうお気付きであろう。

**第一にC（Check）の仕組みが、2）の回答になるようにできている。**

**第二にA（Action）が、4）の回答、5）の回答へ責任逃れができて終わっている。**

　Cは2.1で述べたように日本が曲解して導入した。事業や業務の正確な実態

をスタッフに調査させて本質を探究させればよい。さらにAは改革すること
が使命であるから、戦略、方針を打ち出さなければならない。これこそ無難な
4）、5）で終わらせず幹部上司が義務として負うべき必須条件である。幹部
よ、管理ではなく仕事をしよう！

　まずやるべき重大な変更はPDCAをCAPDにし、新定義にすることである。
　C、Aの本来の業務が甦り、スパイラルに変革（変化ではない）するシステ
ムになる。

図15　CAPDサイクル

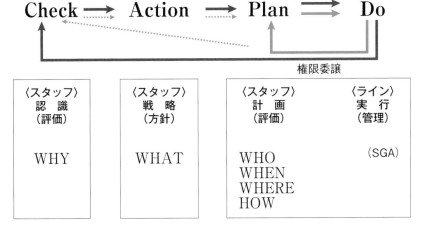

筆者作成

## 3.3 まとめ

　PDCAの欠点に気が付けば、CAPDに移行することによって変革が可能となる。

　何事も無条件で成功はしない。次章で述べるように阻害要因を取り払う勇気が要る。

　結論を述べる。

　Cは数字のチェックではなく、差異の原因や背景を追及し解明することである。日本の多くの企業の本社組織には、企画管理機能のある優秀なグループがある。

　Aは上記Cに基づき幹部が方針・戦略を打ち出し、管理ではなく仕事をすることである。

　落ち込んだ罠から這い出そう。
　阻害要因は勇気をもって排除しよう。
　CAPDは革新をもたらす。
　世界のリーダーへの道が待っている。

CAPD = Check → Action → Plan → Do

Check　＝認識　調査・探求したか

差異の原因を追及したか

戦略・方針に沿った効果が出たか


従来：計画通りの結果が得られたか否かを確認する

Yesならよし！　Noなら計画やり直し！

Action　＝戦略　Checkを基に戦略・方針を立てる

さらなる向上を目指した方針へ

従来：Yesなら祝杯、Noなら改善命令

Plan　＝計画　5W1Hで実行計画を立てる←権限委譲

Do　＝実行　計画を基に実行管理する←権限委譲

# 第4章　阻害要因

　CAPDは仕組みであり手段である。目的は国際競争力であり、比較として示される。

　本章では誰もが疑うことのない国際競争力向上のために、PDCA推進の過程で存在する阻害要因を探る。


## 4.1　阻害要因とは

　PDCAに取り憑かれて入り込んだタコツボから抜け出したとしよう。そこはCAPDであり自由な大海のようなものであるが、波、風、雨等の、航海を阻害する要因が無限といってよいほど存在する。これを一人一人（個人）、企業や官庁、行政等の組織体では、どのようなものがあるかをみてみたい。

　個人にある阻害要因としては先輩、上司のような人間的関係であり、業務は決められた作業マニュアルとして進行し、責任は常に上の職位が持つが、自分も自覚する。つまり全員が暗黙の責任者であり、真の責任者は不在で全員がタコツボに逃げ込み、阻害していることが多い。

　組織体ではPDCAの範囲で役割があるので、最終的には個人の責任になり、上記の場合と同じである。このことを理解すれば阻害要因に打ち勝ち、乗り越えられる。


## 4.2　変革とは

　打ち勝つことにより改善がスパイラルになされて解決へ向かう。問題は国際競争力であり、他国との競争に打ち勝つことである。従来、改善と改革は同義語、または同列の意味合いとして理解されてきた。いずれも前進するため必要なものであるが、本章で国際競争力を論ずる時に、この二つの文言は区別して取り扱うことにする。

　改善とは、前PlanをCheckして同じ方針でActionを実行するものである。改革とは、戦略（方針）を変更し、新しい方向が追加されるものである。

## 図16　不連続変革

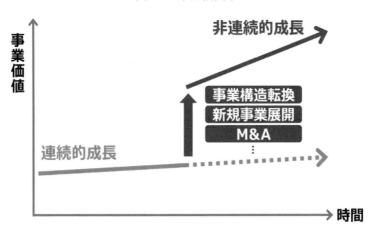

出典：ハイディールパートナーズ株式会社

## 4.3　まとめ

CAPDを効果的に活用すれば図16のようにスピードが上がる。

　　進行を阻害する要因はたくさんある。
　　CAPDでは阻害要因の多くは個人にある。
　　勇気をもてば自分で要因を排除できる。
　　改善＋変革でスピードが上がる。

# 第5章　個人が変わる

　個人は勇気を持つことにより自分を変えられることを前章で述べた。多くの
サラリーマンは、会社には規則や規範があるのを知っている。規範は変えれば
パラダイムシフトが起きる。また、CAPDの中では規制はなく、役割が明確に
存在する。企業で役割上重要な視点は目的、権限＆責任、管理である。

## 5.1　パラダイムシフト

　通常は規則や規範には従っているが、これはタコツボの中での姿である。一
度変えてみると何でもなく、わくわくするものである。これをパラダイムシフ
トという。
　組織体としてのパラダイムシフトは、

　　（旧パラダイム）　　　　→　　　　（新パラダイム）
　　コストが莫大にかかる　　　　コストをかけて大きな結果を
　　文書化が量・質ともに大変　　文書は出力せずデジタルで共有化を
　　維持管理に人が要る　　　　　少人数で自動化・無人化を
　　情報公開に応じられない　　　透明にして国際競争力強化を

　このように大きく考え方を変えると業務体系が一変するが、これは突然起き
ることはなく個人の勇気からである。個人のパラダイムシフトは日常の具体的
業務で実行される。筆者がAK社で実体験した実例では右図のように多くが業
務放棄のように映るが、実際は機能が旧体制より高度化して別会社のようにな
る。

## AK社パラダイムシフト

| | （旧パラダイム） | （新パラダイム） |
|---|---|---|
| 会議 | 上司議長が満足…部下義務のみ | 不要…共有化システム、グループウエアで |
| 書類 | 各自が紙で保管…自分の武器 | 不要…各自PCで保管、ファイリングシステムで |
| 電話 | 部下が取り次ぐ…要件は不明 | PHS…盥回ししない。社員は交換手ではない。固定電話も廃止 |
| 回覧 | 全員に周知…不要でも公平に | 不要…必要な人が必要なものをいつでも取り出せる |
| 報告書 | 絶対必要…従業員の義務、不要な業務でコスト大 | 不要…グループウエアで実施可 |

**川崎製造所での実施例**

## 5.2 　権限＆責任と管理

　多くの企業では教育の一環として権限と義務が制度化されている。しかし、その実施内容については明確にされてはいない。その原因は業務の明確な定義が理解されなかったことによると考えられる。「責任は誰が取るのか」という時の責任は重大な意味を持っているが、何に対する責任なのか不明確である。責任は誰も取らないような曖昧なものでもあり、誰でも何に対しても取らされる曖昧なものでもある。

　・責任：Accountability（説明責任）―第三者に対し、順法かが問われる。
　・責任：Responsibility（責任）―職務における責任・義務や職務範囲等。
　前者は不祥事が起きた時によく耳にする「責任」であるが、事件が起きなくても上層部責任者は常に明確にする義務がある。つまり、方針説明をして実施し結果を公開して透明化することである。後者は自己紹介等で使われる「責任」であるが、組織内で○○担当と名刺等で示される。

　参考までに、米国トルーマン大統領が執務室の机上に座右の銘として飾ったといわれる次の言葉がある。全ての責任者に参考になる。Stackは書類等の積み重ねを意味し、「責任は自分が取る。他へ盥回しにしない」と云う素晴らしい意味である。

## Stack stops here.

　特に、我が国では何をどのようにやっても成功した良き時代に、PDを放任へと突き進みCAを顧みず、タコツボでの安住を加速した大きな責任と原因は我々にある。

　ここでPDCAを復習してみよう。図14（p41）でPは上司から「君に任せる」といわれている。
　しかし、実際は上司が繰り返し介入し、アドバイスや指示を出す。日本社会では部下は意味不明の義務感だけが強く、楽ではないが命令に従順に集中することになる。介入した上司も結果を気にして楽ではない。これが責任不在のPD放任といわれる所以である。一方、CAPDでは不連続の転換が必然的に起きるのは自明である。

> マネジャーは人やマニュアルをはみ出さないよう管理する。
>
> 幹部は管理者ではなくリーダーとして機能することが重要。
>
> 組織はマネジャーとリーダーの組み合わせで目的を達成できる。

## 5.3　リーダーとマネジャー

　日本では管理が行き過ぎているといわれている。上記のようにPD管理は徹底されてきた。日本品質賞やデミング賞は実は緻密な管理手法が賞賛された結果である。

　これはPDCA内の評価であることを早く理解すれば、今からでも遅くはない。

　古きよき時代に企業内教育は「マネジャー」を優先的に育成した。マネジャーは大小のピラミッド型のトップで部下の管理が主業務であった。管理は、図14のPDを5W1Hで自ら一員として演じるプレイングマネジャーの役目であった。

　これに反して、リーダーは図15（p43のCAPDサイクル）のCを有能なスタッフに実行させ、これに基づき自ら戦略（方針）を明示して、以降のステップに反映させる。CAPDのサイクルである。

　つまりマネジャーはCAを部下にやらせて管理し、リーダーは自らA（方針・戦略）を出す。両者とも良し悪しではなく、目的が全く異なっている。責める相手はなく、自分である。

## 5.4　まとめ

　CAPDの利点を生かし実効を上げる起点は、個人のエネルギーである。グループも組織も国家も動き始めるのは個人である。何が始まるかは、目的が何であるかで決まる。

# 第6章　企業を変える

　第5章までに日本が落ち込んだ罠と、そこから抜け出す人という側面から革新への方策を論じてきた。前者はCAPDへの変換を求め、後者は人の役割機能を明確化することであった。以降はGDPの主体である組織体の活動について考察する。

## 6.1　情報

　CAPDではCheckは認識を確実に行い、最終的には方針通り計画がなされ、効果が出たか否かを評価することを述べた。このステップを通して得られる貴重な情報は、活動の基盤構築に寄与する。ここでいう情報は有形化されたものに限ることにする。PC操作からCheckを経てActionがなされるまでは、縦割りではない連携プレイであり、スパイラルサイクルである。

### 表4　情報の活用

|  |  |  |  |  |  |  |
|---|---|---|---|---|---|---|
|  |  | 「PC」 | から | 「データ」 | へ |  |
| 【C】 | 統計（整理） | 「データ」 | から | 「情報」 | へ |  |
| 【C】 | 認識（評価） | 「情報」 | から | 「知識」 | へ |  |
| 【A】 | 戦略（方針） | 「知識」 | から | 「知恵」 | へ |  |

→ 創造・戦略

【C】 … Check
【A】 … Action

筆者作成

我が国には特有の誇るべき文化があり、表現方法も独特である。

　一例として、日本と外国の知識創造に関する野中郁次郎先生の発表に触れたい。1995年竹内弘高氏との共著『知識創造企業』（The Knowledge-Creating Company: How Japanese Companies Create the Dynamics of Innovation）で、形式知と暗黙知について研究し、学会、産業界から広く注目された。この書は専門的であり関心のある読者は一読されることをお勧めしたい。国民性や文化に関連して完全には割り切れない欧米との違いとして興味深い。

## 図17　SECIモデル：組織的知識創造の一般原理

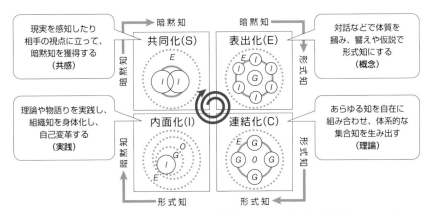

I=個人（Individual）　G=集団（Group）　O=組織（Organization）　E=環境（Environment）

『野性の経営』野中 郁次郎、川田 英樹、川田 弓子（著）（KADOKAWA）より

## 6.2　共有化

　組織体の中には個人の活動を活発にしない様々な障壁が存在している。その最大なものは情報の共有化が徹底されていないことであり、企業自体や社会全体に致命的な損害を与える。結局良い情報でも広く浸透せず、局部に留まってしまう。

　図18に示したように、情報は広め、活用し、目的が達成されて効果が出る。共有化に消極的であれば効果はゼロに近くなる。どんな組織でも障壁は無害のものである。障壁は作ったものではなく、無策であった結果でもあるので、グループウエアを導入することで解決できる。誰の責任でもなくPDCAの置き土産であり、CAPDのみがこれを解決する。

## 6.3　グループウエア

　情報の活用を模式的に図18に示した。この中のa、b、c、dの中でcが最も遅れているのが日本の現状である。その結果、活用がなされず進歩が妨げられている。この要因は日本特有の秘密主義にあると考えられる。秘密と機密は同類にみえるが、その目的では異なるものである。機密情報は目的があり秘密にしなければならないが、他の情報の多くはオープンにして活用すればよい。図18は、a、b、c、dいずれかがゼロに近ければ情報活用はゼロに近いことを概念的に示す。

**図18　共有化と効果**

---

### 情報の活用

$$効果\quad e = a \times b \times c \times d$$

戦略に必須な知恵を

創出（a）し、収集（b）し、**共有化（c）し、**活用（d）し、

**効果（e）を出す**

|  | a | b | c | d | e |
|---|---|---|---|---|---|
| 日本の現状： | ◎ ・ | △ ・ | × ・ | ○ | × |
| 日本の目標： | ◎ ・ | ○ ・ | ○ ・ | ○ | ○ |

---

筆者作成

共有化の効果で最も大きなものは業務のスピードである。活性化運動が盛んであった時代に「スピード2倍」とよくいわれたのを思い出していただきたい。同じ頃、コストダウンで価格破壊が盛んで「価格半分」も事実進行した。図16を見ればよく分かる。これは4.2で述べた不連続変革の例である。以下は筆者が実際に遭遇した例である。

　価格破壊の時代に多くの企業は変化することができなかった。中小企業は身を削り、対応する姿があった。典型例は製造業の良きパートナーであるゼネコンである。ゼネコン傘下の設計事務所や中小の作業会社は価格半分にも対応した。その結果、ゼネコンはこの中小企業の下請けまで業務拡大して事業を継続した。学習の末に強い体質に戻った転換期の良き例である。

**図19　共有化の仕組み**

スピードアップはeメールからグループウエアへ、更にはインターネット展開で飛躍的に上がる。筆者が実体験したAK社のスピードアップの例を図20に紹介する。

この例では組織体が一体となり、通常の年度予算を超えて2年にわたりプロジェクトを推進した。その結果、次年度予算を待たず多くの新規業務が創生され、大幅なコストダウンを達成した。PDCAによるコストダウンは一見目的のようにみえる。しかし、CAPDでは業務革新が目的であり、結果としてのコストダウンは大幅になる。

## 6.4　まとめ

企業は変わるのではなく、変えるものである。変える主役は個人である。

**データは知恵へブラッシュアップし、Actionにつなげる。**
**共有化することにより、関係者全員に情報を伝達できる。**
**グループウエアやインターネットは業務スピードを飛躍的に上げる。**

図20は大幅に既存業務を削減し新規業務を拡大した例で、筆者が推進実行したものである。

上記活動はスタートからCAPDで始めたので、全ての部門・部署に労組も参画して、図20に見る楽しい「わくわく21」運動が全員参加で展開された。

さらに、一度火のついた活動は止まることを知らず、自発的に推進されていった。

今では日本で唯一の航空ジェットエンジンによるコンバインド発電所が誕生したのは予想外の成果であった。

## 図20　業務革新

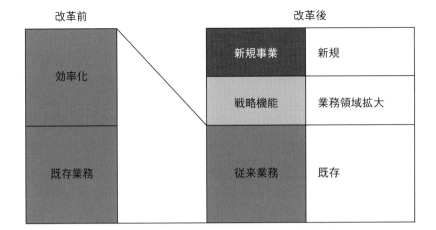

改革前

改革後

| 効率化 | | 新規事業 | 新規 |
| | | 戦略機能 | 業務領域拡大 |
| 既存業務 | | 従来業務 | 既存 |

筆者作成

「わくわく21」＝<u>W</u>e <u>a</u>re <u>c</u>hallenging,

Wac　Wac

（命名：酒井昭二）　<u>W</u>e <u>a</u>re <u>c</u>hanging toward the <u>21</u>st C.

（21世紀に向けて私たちは挑戦し、変わっていきます。）

業務革新の他の例として開発進行中である新規ペンを紹介する。

このペンは取り組みに対して業界に阻害要因があるため実現していない例である。

阻害要因とは既に何回も触れたように、PDCAのタコツボに入り込むことである。具体的にはペン業界はアイデア商品を多く生み出し、消費者からの関心も高く、一定の成長を遂げてきた代表的な業界と云えよう。

しかし、これで良いと云えるのであろうか。古くから1枚刃の万年筆は独特の書き味を堪能するユーザーに好まれ、これに画期的と言われたボールペンが加わり、筆記具市場のシェアーをアッという間に奪っていった。

この背景に新規ペンが登場したのである。先ず、万年質は一方（固定）方向でしか書くことが出来ない。なぜ数枚の刃の万年筆がないのか。次に、ボールペンは滑りが良く廉価で効率的ではあるが、誰が書いても特徴のない単調な字体で文化が感じられない。

これに50年間かけて挑戦した一人のチャレンジャー・山中鎮雄氏がいた。彼が開発した新規ペンは万年筆の強弱機能があり、ボールペンの全方位機能があり、多くの人々が求めるペンであるに違いない。日本には創造的な企業が存在しており、タコツボから脱出する挑戦がなされている。これもCAPDのなせる業である。

## 新規ペンの機能

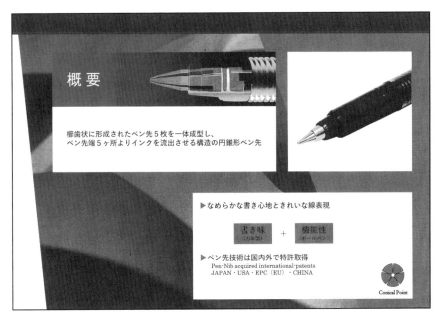

開発データより筆者作成

# 第7章　地方を変える

　大都市を除いてほとんどの市町村が人口減により疲弊し、存続の危機にある。

　人口減により大部分の活動が委縮し、結果と原因が悪循環に陥っている。このことは国民の共通認識であるが、これに歯止めをかけられないのだろうか。

## 7.1　地方の問題点

　政府が発表した日本の人口減少は図21の通り大幅で、出生率、高齢化、生産年齢が確実に悪化していくことが分かる。国を挙げて常に対策中であるが、長年にわたって変化したことがないと言うことである。PDCAを理解せずに放置した結果である。

　これが地方の夢なき将来の問題であるとするならば、政府に頼らず地方は自らの努力で変化しなければならないのは自明のことではないか。

## 図21 人口の減少

### 日本の人口の推移

○日本の人口は近年減少局面を迎えている。2070年には総人口が9,000万人を割り込み、高齢化率は39%の水準になると推計されている。

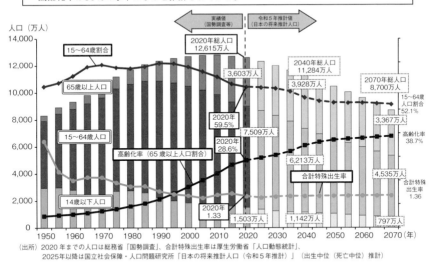

（出所）2020年までの人口は総務省「国勢調査」、合計特殊出生率は厚生労働省「人口動態統計」、
2025年以降は国立社会保障・人口問題研究所「日本の将来推計人口（令和5年推計）」（出生中位（死亡中位）推計）

出典：厚生労働省ホームページ（https://www.mhlw.go.jp/stf/newpage_21481.html）

ではなぜそうなるのだろうか？　その理由は簡単である。右に政府の施策を示す。

これから読み取れることは、

・この政策は目標であり具体性に欠ける。

・支援を中心としており、地方のことではない。

基本姿勢はCAPDのC（Check）を必要としており、立派な姿勢である。しかし、姿勢のみでは地方は手を打つことができない。A（Action）がほしいが、Aの主体は存在せず無理である。

〈基本姿勢〉

## 【「不都合な真実」を正確かつ冷静に認識する】

○日本の人口減少は「待ったなし」の状態にある。人口問題は、ややもすれば極端な楽観論と悲観論が横行しがちである。この問題を根拠なき「楽観論」で対応するのは危険である。一方、「もはや打つ手がない」というような「悲観論」に立っても益にはならない。困難ではあるが、解決する道は残されている。要は、眼前に迫っている「不都合な真実」とも言うべき事態を、国民が正確かつ冷静に認識することからすべては始まる。

出典：日本創成会議・人口減少問題検討分科会「ストップ少子化・地方元気戦略」より

# 人口減少問題を解決するための政策

**政策の企画・実行の基本方針**

## 1．従来の政策の検証

- これまで講じられてきた対策は、個々のレベルでは一定の成果をあげたが、大局的には地方の人口流出が止まらず少子化に歯止めがかかっていない。対策の問題点としては、（ⅰ）府省庁・制度ごとの「縦割り構造」、（ⅱ）地域特性を考慮しない「全国一律」の手法、（ⅲ）効果検証を伴わない「バラマキ」、（ⅳ）地域に浸透しない「表面的」な取組、（ⅴ）「短期的」な成果を求める施策といったことがあげられる。

## 2．まち・ひと・しごとの創生に向けた政策5原則

### （1）自立性

- 一過性の対症療法的なものにとどまらず、構造的な問題に対処し、地方自治体・民間事業者・個人等の自立につながるようにする。

### （2）将来性

- 地方が自主的かつ主体的に、夢を持って前向きに取組むことを支援する施策に重点を置く。

### （3）地域性

- 各地域は客観的データに基づき実状分析や将来予測を行い、地方版の総合戦略を策定・推進し、国は利用者側の視点に立って支援を行う。

### （4）直接性

- 限られた財源や時間の中で最大限の成果を上げるため、ひと・しごとの創出とまちづくりを直接的に支援する施策を集中的に実施。

### （5）結果重視

- 明確なPDCAメカニズムの下に、短期・中長期の具体的な数値目標を設定し、政策効果を客観的な指標により検証し、改善等を行う。

出典：まち・ひと・しごと創生本部「まち・ひと・しごと創生について」（14-1sankounin. pdf（cas.go.jp）

全国の人口は地方人口の総計であるから、地方に歯止めをかけなければならない。

　しかし、図21で明らかなように指標は将来も悪化することを示しているに過ぎない。

　ここで本書の主張である【C】【A】【P】【D】サイクルに従って展開を試みる。


【C】スタッフになぜ人口が減るのか原因（Why）を調査探求するように指示する。

　PDCAでは、出生率の低下←手当が低い、保育環境が悪い、所得が低い……等々の理由で解決策がなく自治体頼みで終わってしまう。自治体は上記政策を公表するが、実行は誰がやるかは明示されず、達成されるべき目標のみが独り歩きする。

　CAPDでは自治体は神頼みをせず、自助・自立の立場から所得を上げることが唯一の選択肢になる。所得が上がらないで放置すれば、表1の実質GDPの成長率（p13）で明らかなようにGDPは伸びず悪循環になる。ここからがCAPDの出番である。何が違うかといえば、Cでは徹底して原因Whyを追究する。所得が上がらないということは現象・結果であり、この原因は何かという探求をする。

　図22で見る日本の生産性は先進国で最下位である。前に触れたGDPが伸びないのは理由があったからだ。企業の経営の責任でもなく、政府の責任でもない。生産性が低ければ給料は上げられない。ここまで議論を進めれば、読者はお気付きであろう。

## 図22　日本の生産性

### 2021年1人当たり労働生産性（OECD統計）単位：US$

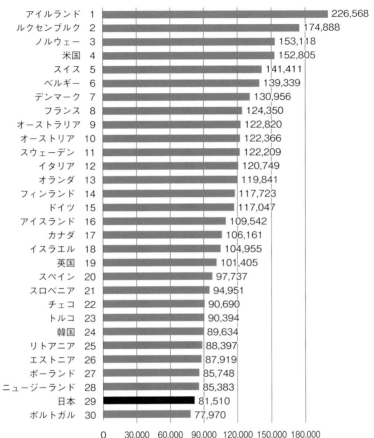

資料：GLOBAL NOTE、OECD統計　筆者作成

【A】GDPや給料は結果であり原因ではない。主原因は生産性にあった。

　CAPDでは生産性向上が最大の武器であることを経営幹部は注目することになる。

　結果的に、実行グループに対して「国内外を問わず生産性を上げる方策をゼロベースで検討し、提案すること」を命令指示し、提案を議論して方針（Action）を決定する。

【P】提案こそ計画Planであり、実行グループは詳細を熟知している。

　計画作成に際しては権限委譲型で行い、幹部は方法に深く介入しないことが重要なポイントとなる。その理由は実行者の自由な発想が失われ、変革の阻害につながりやすいからである。放任ではないからでもある。

　よき時代に活躍された読者は高度成長時代に「HowではなくWhatだよ！」と上司に激励された（叱られた）思い出があるに違いない。当時のWhatは具体的テーマを意味することが多く、図15（p43）にある計画「How」の一部であった。

　実際のPは厳しいものである。人員削減、原料転換、用役費削減、規模縮小、事業撤退等の比例費及び固定費の大幅ダウンに留まらず、事業転換も対象となる。

【D】計画の実行そのものである。

　これこそ日本独特のQC（品質管理）に根差した優れた管理手法が現在でも健在である。

　幹部は細部に口を出さないことが大事である。

## 7.2 地方の活性化

　地方は生産性を向上させれば甦ることが可能であることまでは分かった。しかし、地方には多くの問題がある。地方の問題が総合的に解決されない限り、国の問題は解決されない。問題の多くは下記に代表される。

　1）人口減問題、2）高齢化問題、3）居住環境問題、4）産業振興問題、5）財政問題

　これ等の問題をCAPDに従って展開してみよう。

【C】問題はなぜ起きるのか？　原因は何か？と追及するWhyの作業である。

　1）人口減←出生率低下←所得減、育児環境←**産業の低迷**
　2）高齢化←出生率低下
　3）居住環境←**不動産高騰**
　　　　　　　集合住宅管理←**管理組合運営**
　4）産業振興←事業不振←**売上、利益減少**
　5）財政難←税収減←**産業低迷**

その原因をWhyで推察すると途中で進めなくなるので、暫定的にこれを原因として設定し、サイクルの繰り返しでブラッシュアップすると本質に近づくことになる。

　PDCAではここまで思いを馳せることがあっても、誰が何をすることもなく終わる。

【A】問題が見つかったら、CAPDではこれを担う上司幹部が登場しなければならない。

　重要な原因は産業（事業）の低迷と生活環境の悪化に集約される。いずれも困難な問題であるが、必ず幹部の責任と義務で遂行されなければならない。例えば、

　1）産業の低迷に対するAction

売上減少の要因……企業別には市場の縮小、値上げ、経費削減、競争激化等。
　　全体的には後者二つは現状維持策で放置。
　　前者二つへの積極策をとる。

　2）居住環境の悪化に対するAction

生活環境の要因……行政への陳情やボランティア活動による努力の継続。

業務変革による新構想の創成。

　幹部Action：開発投資をし、生産性を上げ、給料を上げ、人材を育成する。
（例）結果として規模縮小もあり、他社提携を増やす。

　高能力外国人の高給雇用。


【P】方針Actionが明確なので、実務者は創造性を発揮して計画案を生み出せる。

1）産業の振興

　積極策をとる以外には選択肢はないのが産業界の宿命である。国民からの税収は国も地方もここに投資すべきものであるが、これがPDCAではすでに学習してきたように罠に落ち込み、結果は資源のバラマキに終わる。

　ではどうしたらよいか？　優秀な国民は理解することができる。個人も企業も頼ることなく自助・自立でやれる力を持っている。

　①売上増……営業の強化→教育・増員、宣伝強化による投資効果を検証。

　②開発……特徴のある新製品の開発を行う。

　③提携……他社との提携により、商品の融通、OEM（相手先ブランド製造）、物流等でメリットを追求。以上の施策で収入増に挑戦できる。全国地区別の最低賃金は大きな意味がない。

2）居住環境の改善

　人口が大都市に集中しているため、住宅や不動産事業が大きく成長した。

　しかし地方の土地や住宅は低価格で、所得と無意味なバランスを保っている。

　これが満足していい姿であろうか。日本の国土は大部分地方が占め、事業の99.8％は中小企業が占め、いずれも日本国民の基盤である。

　①850万戸に達した空き家と空き地は法的にすぐ放棄できないが、地元の建設会社と組んで再開発し、地区整備で高層集合住宅も可能ではないか。現低層住宅の高層化も視野に入る。

　②上記の展開で保育園や託児所等も建設でき、1）との相乗効果で女性進出が飛躍的に可能となる。

　③地方の住宅の管理に改善すべき点がある。地方では町内会という組織があり、行政とは不明瞭な関係である。また、多くの地方都市には集合住宅（マンション）が多数建設されており、国交省の指針で管理会社が管理を受託している。

　内部には理事会が設置されているが、この運営を適正にやれるところは稀

有である。この原因は国交省の名目的な指針によるもので、企業運営と同質な罰則ある運営に移行すれば、国交省が責任を追及されることはない。つまり、国の仕事ではなく民営化できる。

【D】優秀な実務担当者は問題なく実行できる。

## 7.3　まとめ

個人が変われば企業は変えられる。企業が変われば地方は変えられる。

**地方の問題は全て解決できないPDCAの置き土産である。**
**地方にはCAPDによる活性化で変革できる活動が多い。**
**地方が明るく強くなれば国の競争力が飛躍的に向上する。**

# 第8章 国が変わる

　第3章でCAPDは変革をするための達成手段であることを述べた。達成する対象は大小無数にあり、重大なものほど放置されている。これが国内問題である。

　国民一人一人が変われば企業が変わり、さらには地方が変わることが理解された。その結果として国は変わることができる。一方、国家には他国との比較の上で総合的な国際競争力の問題がある。本章では両者の側面から検討する。

## 8.1　日本の問題点

　国内の問題はすでに明らかになった通り、下記の現象として現れる。
　1）出生率低下、2）高齢化、3）労働者減少、4）財政赤字、5）生活水準低下

　これ等をCAPDで取り組むと次のようになる。
【C】
　1）出生率低下は多くの原因による結果である。
　　　改善していく道は前章までに示したが、即効性はなく、すぐには打つ手はない。
　　　政府は政策として国家予算を大幅に使うが間違っている。人口減は止められない。
　2）高齢化は、1）の結果であり、同じく打つ手はない。
　3）労働者減少は成り行きではその通りであるが、打つ手がある。
　　　労働者減→①現役若年労働者は出生率低下で減少は避けられない。
　　　　　　　→②高齢者を労働者として活用できる。高齢者は今も元気である。
　　　　　　　→③優秀な国外労働者を高給で採用し補完できる。
　4）国の赤字は誰でもインターネットから財政赤字カウンターとして見ることができる。
　　　国の長期債務残高は936兆円で毎秒約82万円増え続けている。
　　　これも誰も何とも出来ない国の姿であり、手は打てない。

## 表5　日本の財政赤字

### 日本の普通国債残高の推移

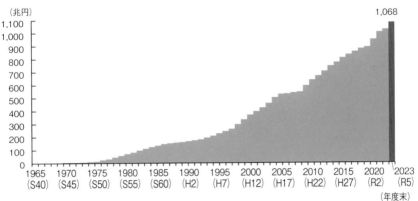

（注）2021年度までは実績、2022年度は第2次補正後予算、2023年度は予算に基づく見込み。

**出典：財務省ホームページ（日本の財政の状況 財務省（mof.go.jp）**

5）生活水準は、報道機関による世論調査によれば中位の意識が定着している。これは国民の大部分が中間層であると思っているだけで事実ではない。

　現役労働者は所得への不公平感と将来への不安感があり、高齢者は実生活に充実感を感じていない。

　何よりも、街を歩く若者も年寄りもどことなく明るさが感じられない。戦後、国民が復興に燃えた日本、高度成長で世界No.1になった日本、この時の明るさはいずこへ？

　長年にわたり多くの国民に共通の心地よい罠がある。国際的に公開されている事実を日本人はどれだけ知っているのだろうか。再度振り返ってみよう。例えば、

　Q1　日本のGDPは30年間成長していない。

　Q2　日本の国際競争力はNo.1から30位に低下した。

　Q3　日本の貿易収支は赤字である。

　Q4　日本の平均賃金は先進国の中で下位から2番目である。

　Q5　日本の財政赤字は世界1位で増え続けている。

　等の質問に答えられるのだろうか？　多くの国民は事実を知らず、不安と失望に陥っているのではないか？　いや陥ってはいけないのだ！


　日本の平均収入は右図で明らかなように、OECD加盟国の平均より下位である。

　このことが分かったなら、誰が何をするかというC→Aの問題に取り組むべきである。

## 表6　日本の平均年収

| 国名 | 1995年の平均年収 | 2015年の平均年収 | 平均年収の上昇率 |
|---|---|---|---|
| フランス | 34180 | 42455 | 24% |
| ドイツ | 39915 | 45810 | 15% |
| イタリア | 32899 | 35117 | 7% |
| 日本 | 38994 | 38660 | -1% |
| イギリス | 31890 | 42304 | 33% |
| アメリカ | 45123 | 59691 | 32% |

OECD、厚生労働省（下の図は厚生労働省です）資料から筆者作成

## 図23　世界の平均年収

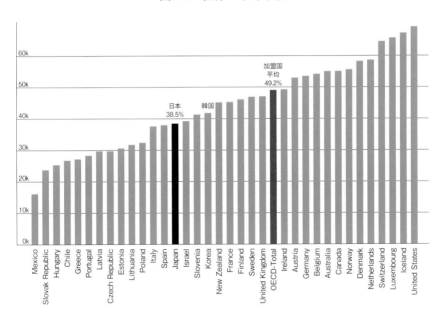

出典：OECD

【A】労働者減少問題でやれることは、高齢者の活用と海外労働者の採用であった。

　高齢者の老後を支える人口を減らすことができないのは自明の理である。

1）高齢者の活用のために定年を延ばす政策が進行している。しかし、これだけでは解決できない大きな問題が存在している。これまでに日本を支えた95％以上の中小企業は大企業の護送支援団であり一体化していた。

　現在では大企業はグローバル展開を進め、中小企業との関係が希薄になった。また目覚めた中小企業も海外進出し、独立性を強めた。その結果、改革のできなかった多くの小企業は取り残され人材不足に陥っている。

　これ等の結果、表6にみられるように、小から中へ、中から大へ、低収入から高収入へと人材が流動化し始めている。このことは中小企業の危機に見えるが、そうではない。中小企業護送団は再構築しないと生き残れない。

2）中小企業の人材確保は国内ではじり貧になっている。我慢強い日本人だが、この点で粘ることなく、力強く方向転換しないと終末を迎えることが必至である。

3）最大の武器は人材の確保である。量質共に重要で、重大な意味を持つ。スピードを問わなければタコツボの中でゆっくり考慮すればよいが、賢明な読者はもう気が付いている。海外から各種の才能を発揮する外国人を積極的に採用すればよい。

4）老齢者の活性化は情報の共有化を進め、楽しい集団作りが可能である。
　IoTや5Gの時代を迎えているので、自分たちで教育・訓練ができる。

## 表7　年齢別人口推計の推移

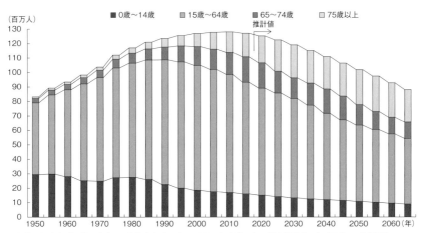

資料：総務省「国勢調査」、国立社会保障・人口問題研究所「日本の将来推計人口」（平成29年推計）
（注）1．2016年以降は、将来推計人口は、出生中位（死亡中位）推計による。
　　　2．2015年までは総務省「国勢調査」（年齢不詳をあん分した人口）による。


出典：中小企業庁ウェブサイト（https://www.chusho.meti.go.jp/pamflet/hakusyo/
H30/h30/html/b2_1_2_1.html）

5）p71【C】の、5）で問いかけたQuestionで驚いた読者も多いに違いない。世界が分からなくても国内は分かっていると認識される人がいるのも予想される。しかし、日本のことは世界に照らし合わせて初めて正確に理解できることの方が多い。

ここで我々が持っている情報について触れる。

日常、全ての人がウェブサイトから膨大な情報を入手することができる。若者はメールやラインで即座に会話のごとく交流し、知識や専門的なこともかなりの精度で取得できる。老齢者は新聞やテレビに親しんでいるかもしれない。しかし、日本という国に関しての情報が巷に溢れているだろうか？

テレビや新聞は、ほとんど同じ論調の傾向がある。海外はどうだろうか？アメリカのように真っ向から反対の記事が登場することがあるだろうか。海外の重要なニュースが届けられることが多いだろうか。


本書の主張であるCAPDは、Checkがスタートポイントであり、情報なしでやみくもに計画を作り、これを繰り返すことをしない。メディアは国内情報を単一化せずに世界の情報として正確に届けていただくことを提言したい。

【P】本質的な問題の追及により、挑戦すべき方向が絞られると勇気が湧いてくる。

　1）中小企業を可能な限り吸収合併し、生産性を向上させる。M&Aも選択肢になる。

　2）人材は広く公募し、企業規模の拡大を図る。

　3）大規模の企業は国内に限らず海外に広く人材を求める。

　4）ITやIoTを駆使し、地方に産官学一体の活性化プロジェクトを推進する。

　5）NHKを中心にメディアの活性化を促し、現役引退した高齢者の再教育を行う。

【D】人口の大部分を占める地方が実行に移せば、革新が起きるのは必至である。

改革できない企業の延命や補助金・助成金を止めて、多くの雇用が創出できる。

## 8.2 国際的問題

　国内の問題は、惰性に流れず挑戦的でなければならないことが分かった。し
かし、これは地方や企業が遂行できる問題である。国際的な問題はさらに複雑
で、国や世界が関係し、例えば下記の現象として現れる。

　1）人口の減少、2）社会保障費の増大、3）原子力発電、4）環境問題
【C】

　1）人口問題は前章までに論じたのでこの章では省略する。国は多くの策を
　　　講じているが、バラマキは人気取りができても効果は出ない。

　2）社会保障費の増大は図24の通り、費用も膨大で突出している。

　　　　社会保険は年金制度、医療保険、介護保険で構成され、保険料と税金に
　　　よって賄われている。少子高齢化の進行で国民負担率が増大している。結
　　　局この問題の原因は1）であるから、PDCAで進めている国の政策では解
　　　決できない。

　3）原子力発電の問題は社会的に感情論が多く、正確な議論がなされてはい
　　　ない。

　　　　また国の促進機構は説明責任が十分といえず、国内が二分化している。

　　　　問題を関係諸外国とも連携・共有し、すでに設置された設備の安全性と
　　　ライフサイクルで本質的な認識を共有する以外に選択肢はないと推断する。
　　　打つ手は分からない。

　4）環境問題は大きな迷路に入り込んでいる典型的な例である。環境問題は、
　　　地球環境保全と地球温暖化が現在の課題である。地球環境保全については、
　　　通常の産業活動の中で具体的に議論されていない。科学者レイチェル・
　　　カーソンは1962年に著書『沈黙の春』で世界を目覚めさせたといわれた
　　　が、日本では大きな反響はなかった。先進国としての日本はノーベル賞受
　　　賞者や自然科学者の提唱や実績について、学習し科学的思考を持てる国民
　　　のはずである。

　　　　一方、家庭や産業界は高度成長時代に大量の廃棄物を排出した。前者は
　　　一廃として自治体が収集し、後者は産廃として産業界に任された。両者と
　　　も問題が多発し、法規制を柱としてPDCAで管理されて今日に至っている。

　　　　本書で環境問題を専門的に議論することは主旨から外れるので、過去に
　　　発生した現象を振り返って今後の参考にしたい。

## 図24　社会保障費の増大

### 社会保障給付費の推移

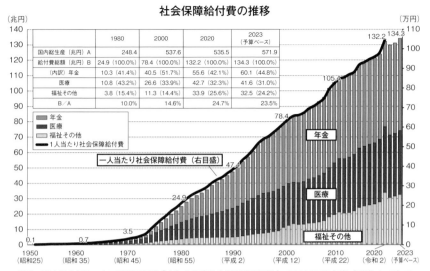

|  | 1980 | 2000 | 2020 | 2023<br>(予算ベース) |
|---|---|---|---|---|
| 国内総生産（兆円）A | 248.4 | 537.6 | 535.5 | 571.9 |
| 給付費総額（兆円）B | 24.9 (100.0%) | 78.4 (100.0%) | 132.2 (100.0%) | 134.3 (100.0%) |
| （内訳）年金 | 10.3 (41.4%) | 40.5 (51.7%) | 55.6 (42.1%) | 60.1 (44.8%) |
| 医療 | 10.8 (43.2%) | 26.6 (33.9%) | 42.7 (32.3%) | 41.6 (31.0%) |
| 福祉その他 | 3.8 (15.4%) | 11.3 (14.4%) | 33.9 (25.6%) | 32.5 (24.2%) |
| B／A | 10.0% | 14.6% | 24.7% | 23.5% |

資料：国立社会保障・人口問題研究所「令和２年度社会保障費用統計」、20212023年度（予算ベース）は厚生労働省推計、2023年度の国内総生産は「令和５年度の経済見通しと経済財政運営の基本的態度（令和５年１月23日閣議決定）」

（注）図中の数値は、1950，1960，1970，1980，1990，2000，2010及び2020並びに2023年度（予算ベース）の社会保障給付費（兆円）である。

出典：厚生労働省（https://www.mhlw.go.jp/content/12600000/001094429.pdf）

一廃では自治体が分別回収を行い、新聞、ペットボトル、アルミニウム等の資源有効利用も指導した。しかし、次第に海外への輸出が増加することになり、不明瞭な問題を誘起していると推定される。また、産廃では運送と処分業者が定着したが、不法投棄、違法売買、違法輸出等が後を絶たない。科学の発達した現代で資源を科学的に扱う人類の知恵を発揮する時代が到来しているのではないか。

　地球温暖化に関して宇宙科学者の間でも地球の気温上昇で賛否両論がある。

　ここ数年間の地球の気候変動は異常であることが常識として理解されるようになった。

　しかし、世界の環境保全活動は科学と活動と政治が複雑に絡み、それぞれの支持母体が対抗姿勢であるため、一般の市民は混乱の状態にある。

【A】諸外国連携で直ちに実行可能であり、すぐ開始できることは廃棄物問題である。

　1990年代から提言された3Rは言葉だけが進んで、実態が進まない。

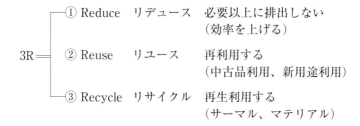

この概念が本質的な解決策であり、この順序が重要である。

　筆者は1999年、この理念の下で上記3Rを提言し、齊藤純一郎代表取締役と共同で試行錯誤を経て（株）ショーワを設立した。大量の廃棄物排出企業に展開して新ビジネスモデルをAK社と共に構築し、この実績を山形大学と共同で論文として発表した。先駆的挑戦をした当時のショーワ社員及び山形大学の仁科教授、立花准教授、伊藤助教に敬意を表するとともに、国内の多くの企業が勇気をもって挑戦されることを期待する。参考までに図25に効果の大きさを紹介する。

**排出物は廃棄物ではなく資源である。**

# 図25　新ビジネスモデル

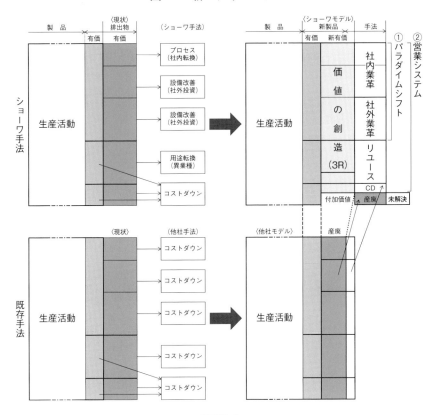

筆者作成

もう一つ逃げてはならない魅力的なテーマがある。これこそ、国民が国を変えられる働き方の変革である。日本は延々と続く縦割型社会と終身雇用と年功序列の所謂タコツボから未だに這い出していない。心地よいからである。

　同じ概念で業務の縦割型の問題がある。世界に冠たる官僚制度は改革困難であるが、民間企業は自分たちが実行できるので勇気をもって問題なく可能である。

【P】国民が自らの手で国のあり方を変えられるのは、排出物と働き方の二点である。

　1）排出物

　　　排出物は生産工場から排出される産業廃棄物と一般家庭から排出される一般廃棄物に大別され、前者は産廃、後者は一廃と略称されている。

　　　経団連や商工会議所に「資源活用推進プロジェクト」を設置し、産官学共同で3Rを推進する。官庁主導の廃プラ処理協会や各種の制度はこれに統合する。また行政がフォローできず矛盾を含んだ法律は再整備する。


　2）業務変革

　　　第7章で情報の共有化やグループウエアについて述べた。これは業務の目的ではなく手段であるが、これによって情報は自動的に伝わる。国民の優秀さに自ら驚くことになり、縦割り業務は改革される。

　　　政府はこのようにはいかないのが官僚国家たる所以であるが、国を救う政治の時代が到来することを期待したい。その時は今の省庁は姿を変えているに違いない。

【D】実行しよう。

　老齢者は学習して社会に貢献しよう。

　若者は選択をして自分たちの将来を築こう。

　・成り行きPDCAでは明るくない。→海外に学ぼう。

　・変革をCAPDで断行しよう。

## 8.3　まとめ

　個人が変われば企業や地方を変えられる。国を変えるには大きな障壁があるが、勇気を持ち、使命感を持てば変えられる。

### 3Rの先進国になろう

### 縦割り組織は企業からなくそう

### 若者が海外へ脱出しない日本へ変革しよう

# 第9章　世界を変える

　国は世界の一員であり、国の問題点が世界の問題点と連動していることが多い。この章では変化していく日本が世界を動かすリーダーになり得るかを考察してみたい。

## 9.1　世界に示せ

　日本国が世界諸国と交流し協調し、援助し、結果としてリーダーになる道は多くある。

　1）GDP、2）貿易、3）研究開発、4）標準化、5）次世代システム、6）Top外交、を考えたい。

【C】

1) GDPについては図1（p9）で分かるように世界3位を誇るが、30年間成長していないのは日本だけである。マイナスから成長する計画を知らせることに意味はある。

2) 貿易問題は頻繁に諸外国と対立の原因になるので再度触れる。高度成長時代に世界No.1になった日本の貿易額はアメリカに次いで2位になり、現在も4位に留まっている。問題は図3（p21）に示した通り貿易収支が20年間低下したままで、近年は赤字を続けていることである。しかし、前にも述べた通りGDPが30年間伸びていないことと同じでPDCAの罠から脱却しない限り方法はない。罠をよく知り、脱却しよう。

3) 研究開発

　研究開発は未来を創生する最も重要な活動であるが、投資はここ数年減少の傾向にある。また、その内訳は図27で、基礎研究費は15％に過ぎない。日本が脚光を浴びるようになってきた近年、科学分野は日本の得意な領域で、ノーベル賞受賞者もこの分野が多い。

　戦略的に革新し、日本の未来をつくっていこうとするならば、基礎研究費を優先的に増やす以外にない。

## 図26　研究開発費推移

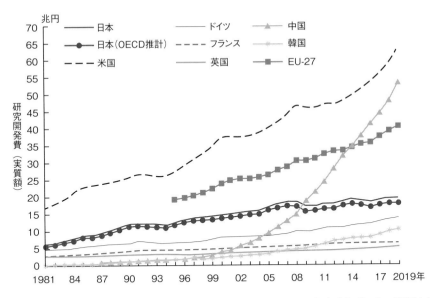

出典：文部科学省「科学技術要覧」(https://www.nistep.go.jp/sti_indicator/2021/RM311_11.html)

## 図27　研究費の性格別支出割合

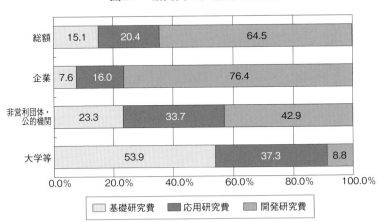

2019年度の研究費を性格別にみると、基礎研究費が全体の15.1%、応用研究費が20.4%、開発研究費が64.5%を占めています。
企業においては開発研究費の割合が高く、大学等では基礎研究費の割合が高くなっています。

出典：総務省統計局「統計でみる日本の科学技術研究」(02pamphlet.pdf (stat.go.jp))

## 4）標準化

　標準化は日本の得意分野であった。JIS（日本産業規格）やQC（品質管理）は高度成長時代に世界をリードし、影響を与えた。この分野でもPDCA全盛の結果であり、今や体質の変換が必要である。スタートに留意すれば問題なく変革できる。

　ISO規格（国際標準化規格）は、各業界が抵抗し、日本では導入が遅れた。諸外国が急速に導入に踏み切って実績が出たのを見て、渋々遅れて導入した。この結果、JISもQCもISO化したが、製造業を中心にISO14001及び9002から入ったため9001導入の機会を失い、営業部門や本社は型式のみ参加で理解が深まることはなかった。つまり、Check→Actionがなされず現在でも旧態依然としているのが現状である。

　本書では何事もCAPDに転換する必要があることを述べてきた。この章の対象ではないが、ISOに関してCAPDの機能を発揮した出来事があったので紹介する。それは1997年12月に製薬協会が主催する第5回環境セミナーが開催された時のことである。

　当協会は日本の製品の品質とシステムを最高とし、海外の管理システムに消極的であった。他の協会も全く同じであったが、筆者はAK社のISOを日本のリーダー格にした実体験から、上記セミナーで講演を行った。これを契機に当協会は認証取得を決定したのは、まさにCAPDへの迅速な変換であり、当協会に敬意を表します。

　日本の多くの企業がこれに続き、一挙に認証取得が他国並みになった。

図28　ISO業務フロー

# 本質的ISO14001システム

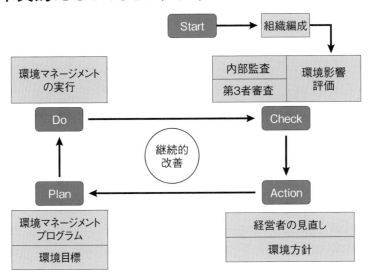

筆者作成

5）次世代システム

　世界の情勢は急ピッチで変化している。世の中がAIやロボットで騒いでいるうちに、早くも次世代のIoTの推進が始まっている。

　*IoT*とは、コンピュータなどの情報・通信機器だけでなく、世の中に存在する様々な物体（モノ）に通信機能を持たせ、インターネットに接続したり相互に通信することにより、自動認識や自動制御、遠隔計測などを行うこと。

　大河内記念会理事長の山﨑弘郎先生の著書『トコトンやさしいIoTの本』に詳細な解説がなされているので参考になる。5G時代突入後、「スケジュール駆動」から「イベント駆動」の社会へ移行するといわれている。

　政府や自治体の啓蒙により、その導入スピードが加速されつつある。進んだ例としてドイツの国策がある。ドイツは2013年に「インダストリー4.0」を提唱して国を挙げて展開を行っており、生産性の向上にも役立っていると伝えられている。

## 図29　IoTの概念図

6）Top外交

　　世界に注目される国の活動で最大のものはTop外交である。その中でもG7、国連諸会議、ダボス会議、地球サミット等で各国が主導権を競っている。

　　この件は政府主導であるので、政府自らPDCAの罠から抜け出す努力をしない限り、現状維持か外国に後れを取ることが懸念される。上記諸活動もCAPDで実行案が想定されるが、民間では実行不可能であるので本書の対象ではない。

【A】

1）これまでに述べてきたAction→Plan→Doの結果、GDPは成長に転じる。この計画が明確になれば世界に公表し、情報を共有できる。

2）新製品開発や生産性の向上により競争力が大となり、貿易収支を黒字化できる。

3）生産性向上や内部留保の見直しにより、基礎研究費増を実行する。

4）標準化は経営幹部のActionを確実に厳守することで正常な姿が完成する。

5）次世代システムこそ日本が最も強い領域である。放任のタコツボから脱出し、標準化統合をして世界をリードする。

【P】未知の領域が多いので、Planは産官学共同で行うことが望ましい。

【D】実行あるのみ。


## 9.2　世界のリーダーへ

　経済大国日本のGDPはアメリカ、中国に次いで大きく、世界に大きな影響を与える。

　1）ODA（政府開発援助）と外交、2）TPP（環太平洋パートナーシップ協定）と首脳会議、3）国際貢献、が論点である。


　1）ODAと外交

　　図30に世界のODAの推移を示した。日本は2003年までは先進国の役割を果たしてきたといえる。ここ数年間はこの図で分かるように顕著な低下がみられるが、その適否については本書の目的ではないので論じない。ただし、ODAは世界に国家の姿勢を示し、国のリーダーシップを発揮す

る明確な下記のシグナルであることに間違いはない。

①円借款……ODA予算には含まれないが、透明性のある国際協調が必須である。特に中国に対して日本が最大の調整力を発揮できる。
②無償資金協力……貧困救済、難民援助、返済等が大きな問題となる。世界人口の約15％に達する貧困層に手を差し伸べるのが国際努力である。
また、7000万人の難民についても同じである。
③戦後の占領地区救済に対して1990年まで有利子返済を行った。
a）現在の日本は戦争がなく地域紛争や武力衝突もない平和な国家である。
b）ODAは直接貢献できるので各国が直接検証でき、外交が評価されることになる。

## 図30　各国のODA

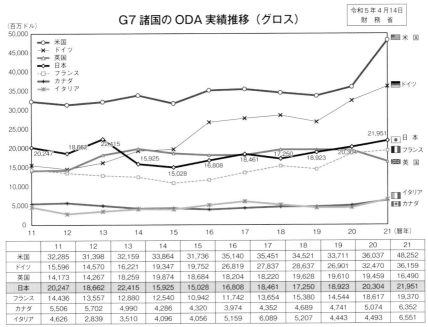

G7諸国のODA実績推移（グロス）

令和5年4月14日
財務省

|  | 11 | 12 | 13 | 14 | 15 | 16 | 17 | 18 | 19 | 20 | 21 |
|---|---|---|---|---|---|---|---|---|---|---|---|
| 米国 | 32,285 | 31,398 | 32,159 | 33,864 | 31,736 | 35,140 | 35,451 | 34,521 | 33,711 | 36,037 | 48,252 |
| ドイツ | 15,596 | 14,570 | 16,221 | 19,347 | 19,752 | 26,819 | 27,837 | 28,637 | 26,901 | 32,470 | 36,159 |
| 英国 | 14,173 | 14,267 | 18,259 | 19,874 | 18,684 | 18,204 | 18,220 | 19,628 | 19,610 | 19,459 | 16,490 |
| 日本 | 20,247 | 18,662 | 22,415 | 15,925 | 15,028 | 16,808 | 18,461 | 17,250 | 18,923 | 20,304 | 21,951 |
| フランス | 14,436 | 13,557 | 12,880 | 12,540 | 10,942 | 11,742 | 13,654 | 15,380 | 14,544 | 18,617 | 19,370 |
| カナダ | 5,506 | 5,702 | 4,990 | 4,286 | 4,320 | 3,974 | 4,352 | 4,689 | 4,741 | 5,074 | 6,352 |
| イタリア | 4,626 | 2,839 | 3,510 | 4,096 | 4,056 | 5,159 | 6,089 | 5,207 | 4,443 | 4,493 | 6,551 |

（出典）OECD／DAC、支出純額ベース
（注）最新データについては、OECD/DACのHPより入手できます〈http://www.oecd.org/dac/〉

出典：財務省ホームページ（https://www.mof.go.jp/policy/international_policy/economic_assistance/oda/g7oda_gross.pdf）

２）TPPと首脳会議

　主要国首脳会議とは、各国の首脳が国際社会の問題について協議するものである。

　1975年にパリ郊外のランブイエ城でフランス、日本、アメリカ、イギリス、旧西ドイツ、イタリアの6か国首脳が集まって始まった。ダボス会議や国連会議には多くの首脳が参加し、国数によりG7あるいはG8と呼ばれる会議もある。

　これ等の会議は経済や地域紛争など国際的問題を協議し、主催国のリーダーシップが問われる場でもある。我が国の首脳の評価は読者に譲るが、将来に希望を託すためにはCAPDへ転換することで次の通り明確にできる。

　①経済問題は自国のみならず世界とのバランスを取る。

　②地域紛争には介入せず中立を貫く。

　③環境問題には中立姿勢に留まらず積極的にリードする。

　④支援・援助については明確な理念を貫く。


　経済問題ではアメリカと中国の2強が経済戦争の状態にあり、他国は介入困難であるが、G7またはG8でGDP第3位の日本は力を発揮できる絶好の地位にある。2008年から日本が参加しているTPPは、日米が協調してリーダーシップを発揮した模範的な例である（2017年のアメリカ離脱後はCPTPP）。ただしTPPをCAPDに沿って展開すれば、貿易問題や自国の利点のみに目を奪われることなく、本来の公平・透明性による体質改革への姿勢を打ち出すことができる。

# 図31　TPP

## TPP11（CPTPP）参加国

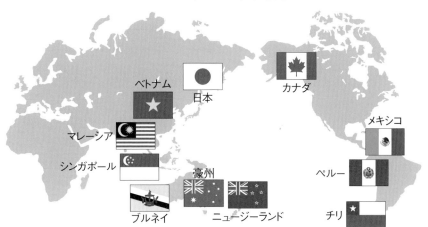

環境問題ではあらゆる会議を舞台にして、宇宙環境や地球環境には日本が最もリーダーシップを発揮できる問題であると思われる。日本は政治的に振り回され、最も消極的な国と批判される一方、宇宙ゴミの処理では先行しており評価できる。気候変動に関しては官主導に基づく政府のリーダーシップが発揮されていない。昔物語になったCOP3（第3回気候変動枠組条約締約国会議）の姿勢はどこへいったのだろうか。その適否は読者の評価に譲りたい。

## 図32　地球環境

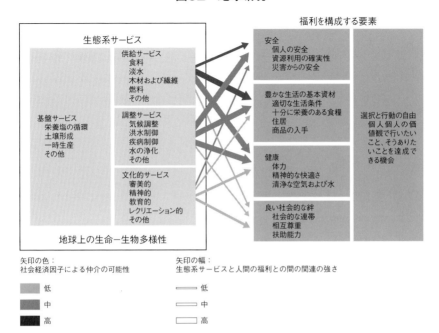

福利を構成する要素

生態系サービス

供給サービス
食料
淡水
木材および繊維
燃料
その他

基盤サービス
栄養塩の循環
土壌形成
一時生産
その他

調整サービス
気候調整
洪水制御
疾病制御
水の浄化
その他

文化的サービス
審美的
精神的
教育的
レクリエーション的
その他

地球上の生命－生物多様性

安全
個人の安全
資源利用の確実性
災害からの安全

豊かな生活の基本資材
適切な生活条件
十分に栄養のある食糧
住居
商品の入手

健康
体力
精神的な快適さ
清浄な空気および水

良い社会的な絆
社会的な連帯
相互尊重
扶助能力

選択と行動の自由
個人個人の価値観で行いたいこと、そうありたいことを達成できる機会

矢印の色：
社会経済因子による仲介の可能性

低
中
高

矢印の幅：
生態系サービスと人間の福利との間の関連の強さ

低
中
高

出典：ミレニアム生態系評価報告書

出典：環境省「環境白書」(https://www.env.go.jp/policy/hakusyo/h19/html/hj0701 0201.html#1_2_1_1)

3）国際貢献

　戦争を放棄した日本は、世界の紛争を武器によって解決することはできない。外交努力以外に方法はないが、他の手段で貢献する機会がある。それは天災や自然災害時の支援活動である。2020年からは世界が混乱した新型コロナウイルスの発生があった。

　政府がリーダーシップを発揮して官産学の総力を結集すれば、国内は勿論、世界が結集して新たな潮流が生まれたに違いない。それは国益第一ではなく、人類の生命と健康を守ることにより世界平和を追求する共通の理念であるからである。

　しかし、実際は一部の貢献は認められたが、世界は物理的にコロナ禍の落ち着きから閉鎖的になった。

　日本も同じ傾向が長く続いた。国内的には大きな問題が明らかにされず、過去の古い体質のままで諸外国から指摘されている日本国の弱点を曝け出す結果になった。

　ここで何が問題であったのかを振り返って、反省の材料として議論してみたい。

　第一に新型コロナについて政府の行政業務に司令塔が存在しなかった。最終的には首相がトップであるが、日本のトップはリーダーシップを発揮することはない。つまり首相、厚労相、文科相、経済再生担当相、コロナ対策本部長等、誰が司令塔か分からず誰も答えない。外国は大統領、首相、組長である。

　第二にこの結果どのようなことが起きたかをみてみたい。国内で起きたことは、全ての関係者が努力し、全てのメディアが報道するので国民は状況を理解する。

　しかし、真の情報を理解しているのではなく、発信されるものだけを受け取るだけである。

　ウェブサイトにある情報を整理すれば、①日本は過去のウイルスの歴史を議論せず、②中国に配慮して水際作戦を誤り、③厚労省と文科省が協力すればPCR検査体制を強固にできたが、逆に規制をしてしまった。④クラスター議論中心で感染者数を不明瞭にした。⑤経済対策では責任を地方に付け回した。

　第三に今後のためにどうしたらよいかは、知恵者や専門家が溢れているので活用すればよい。後付けであるが、第一で述べた司令塔を作ればよい

## 図33　個人と国家

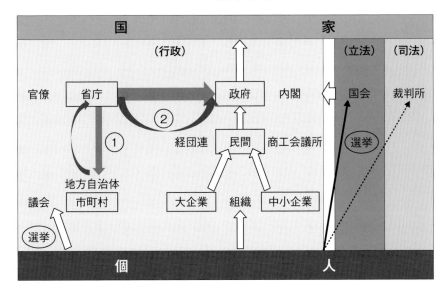

筆者作成

だけである。だができない。これは単純ではなく、縦割り社会に根源があるのでCAPDを参照いただきたい。

　第四に想定として、司令塔が政治を動かせば、全く違った日本であったに違いない。

①過去の経験を知る専門家から提言を受け、正しい知識と対処法を学び、共有できた。

②中国との友好関係を壊すことなく水際作戦を早期に実行し、感染者数をつかめた。

③厚労相、文科省、経団連に指示し、早急に最重要なPCR検査体制を確立できた。

④クラスター対策は問題なくできることで、並行してやれた。

⑤借金王国の日本は1年分のGDP相当額を投入して失業者や貧困層を救う事が可能であった。

## 9.3　まとめ

　本書は日本に強固な基盤を築いた業務手法PDCAを改め、CAPDに転換することにより業務スピードを飛躍的に上げる方法を提言するものである。

　本書で紹介する資料や図表等の中で筆者が作成したものはCAPDに関するものだけで、他は全て公開されていて、誰でもインターネットで参照できる。

　この章では、CAPDに注目すれば飛躍的にスピードを上げるだけでなく、業務の質に不連続な変革がもたらされることを提言する。


　提言1.　PDCAで温床タコツボが定着し、躍進はなかった。

　提言2.　CAPDで初めてスピードが飛躍的に上がる。

　提言3.　スピードを上げれば非連続的に変革を起こせる。

## 図34　CAPDサイクル

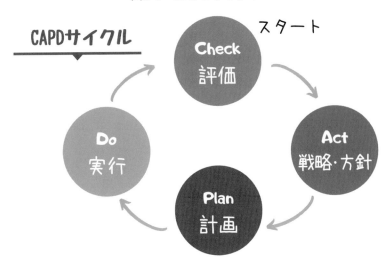

# 第10章　コロナが世界を変える

　筆者は専門家ではないが、2年以上にわたり新型コロナウイルス（以後コロナ）の感染拡大軌道を追跡してきた。本書と密接な関係があり、専門家をはじめ多くの方々が参考にされることを切望する。コロナ禍はPDCAの欠点を暴露し、CAPDの必要性を示唆する最高の戦訓である。

　武漢で発生した新型コロナウイルスが拡大し、世界中で猛威を振るった。各国の政府は独自の方法で対策に取り組んだ（感染症と日本の歴史　朝日衛生材料／asahi-eizai.com）政官民がそれぞれの手法で感染防止に取り組んだが、一体化した科学的方向性に欠け、国民の不安は極めて大きい。

　この章では初期の手探りの時期から、感染拡大と変異を繰り返し収束するまでの変化を検討した。データは筆者が拡大軌道を追跡したものであり、コロナの本質に関わる現象を種々紹介する。どの国の感染も一本の軌道で示せるのに、どの専門家もこれを示すことはしなかった。

## 10.1　感染初期…混乱期

　コロナ感染の拡大状況は世界の多くの機関が報じているが、公開される実数の図表では全て横軸が経時日数で示されている。代表的なものがNHKの棒グラフで、他報道機関はこれを正確に模写している。このため全体像を把握することができない。

　筆者は事実を把握するために、図35を作成した。この図は二つの驚くべき本質を示唆している。第一はBCG接種の型で分類されること、第二は国のリーダーシップで感染者数も死亡者数も抑制できるという因果関係みたいなものである。

　まずは初期のコロナ感染の状況を図35に、BCG型の分布を図36、37に示した。

　感染初期の図から明らかなように米国が先頭を切り、これに欧州が続くが、英国、イタリア、フランス等はロックダウンを徹底して感染者数を減らした。一方ドイツはICUに注力して死者数を減らした。他の国に比して欧州先進国は成果を上げたことが分かる。ワクチンの型により明らかに大差があり、中国も日本と同じA型に属している。

## 図35　感染初期（2021年5月、日経新聞データより）

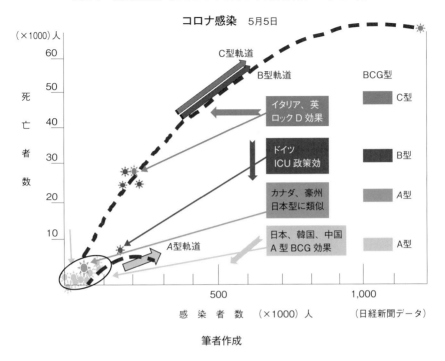

筆者作成

コロナとBCG接種型との関連性についてはデータがなく、議論もされていないので、筆者は正確な情報を提供できない。ここではウェブサイトで得られる代表的な2種類の接種型分布を図示する。本書では比較的単純な図36を採用して議論を展開する。

　感染初期の段階では、A型圏の諸国の感染者数と死亡者数は非常に少なく、グラフの原点周辺に点在するため、プロットすることすら困難である。結論として推論されることは、A型を接種したアジアの多くの国々は特殊な抵抗力を持っていることであり、現時点では科学的因果関係は明らかに出来ない。

　一方米食の国では感染者数が少ないという論文があるが、筆者の検討によるとこれは例外が多く、十分条件でないことを指摘しておきたい。

## 図36　BCG型分布図

出典：PLOSジャーナルhttps://doi.org/10.1371/journal.pmed.1001012.g002

## 10.2 感染拡大期…ウイルス軌道

国情により感染拡大の状況は異なっている。主要国の様子を図37に示した。この図から明らかなように感染拡大の軌道は3グループに大別される。

第1は拡大速度の速い国で米国やブラジル、ロシア、英国、フランス等が目立つ。第2は比較的緩慢な国でスペイン、イタリア、ドイツ、インド等である。

第3はアジアを中心とする諸国で感染者数及び死者数は極端に少ない。

特記すべきは中国と日本である。発生国とされる中国は図37の通り、3月時点で感染者数が8万人前後で収束しているのは驚くべき早業である。一方日本は未だ感染が欧米並みには拡大しておらず、国民はよく理解できない。日本はクラスターに注目を集め過ぎ、水際対策、ロックダウン、医療体制の強化等にリーダーシップが発揮されず、情報の共有化もなされなかった。感染者数は検査を制限しているため、評価が出来ない。実際は相当多いことが予想されるが、誰も気にせず不思議である。

## 図37　感染拡大

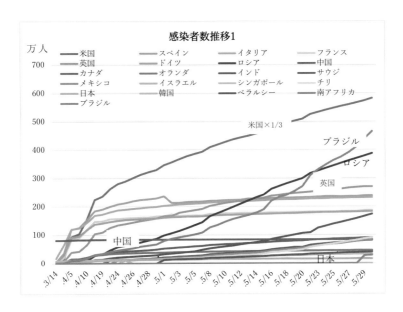

公開データより筆者作成

## 縦軸対数目盛

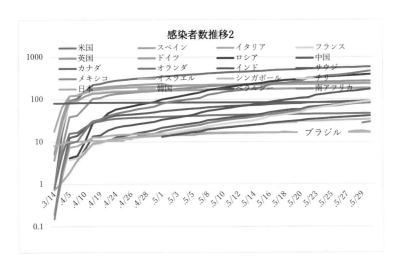

公開データより筆者作成

## 拡大軌道の発見

コロナは初期感染拡大の期間を経過した後、定常状態といえる拡大期に入る。

この期間は第10章前文で述べた通り、日本だけが情報が共有化されていなかった。しかし、驚くべきことに拡大軌道のデータは指数関数的に一直線になることが分かった。

毎日の新聞やテレビ等で発表されるデータは数値が棒グラフの追記型で全体像が不明確である。筆者は感染軌道を一本の線で一枚のグラフに表示できる片対数表を利用した。その結果、驚くべき発見につながった。これは統計上でよく使われるが、軌道を追うのを基本とすべき医学界であるのにみられることがない。

驚くべき発見とは、「コロナは自然界の生物であり、地球上ではどこでも一定のルール（法則）に従い拡大する」というものである。図39でコロナの本質が見える。

方法は単純で特別なことではないが、敢えて実例を挙げて説明する。

| | | | | | |
|---|---|---|---|---|---|
| 2021.5.1 | 米国 | 縦軸　感染者数 | **1,040,488** | ⇒　log（感染者数） | 6.0 |
| | | 横軸　死者数 | **60,999** | | |
| | | （勾配）縦軸／横軸 | 6.0／60,999 = 0.0000983 | | |
| | | （K値） | 勾配×10,000 = **0.1** | | |
| 2021.5.1 | 日本 | 縦軸　感染者数 | **13,965** | ⇒　log（感染者数） | 4.1 |
| | | 横軸　死者数 | **426** | | |
| | | （勾配）縦軸／横軸 | 4.1／426 = 0.00962 | | |
| | | （K値） | 勾配×10,000 = **96.2** | | |

グラフを作成しやすくするため10,000倍した。

本書でK値は、K = 10,000 × log（感染者数）／死者数

## 図38　世界のK値

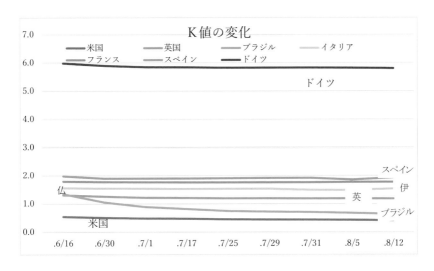

公開データより筆者作成

## 図39　主要国のK値

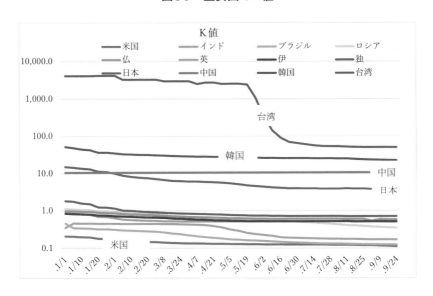

公開データより筆者作成

## 科学的手法

　自然科学の世界では発明や発見だけでなく、事象の理解や説明に科学的手法がとられるのが基本である。また、事象解明の常套手段として仮説と実証は必須である。

　コロナに関する日本政府の手法は、これ等の視点からほど遠いところにあるように見える。

　まず事実といわれている状況を整理してみる。第一に日本は多くの病院・医院と優秀な医師や看護師団がいる。第二に日本の保健所は過去縮小され機動力が低下したといわれている。第三に日本の政府には司令塔がなく、総理・厚労相・経済再生相・ワクチン担当相がリーダーシップを発揮せず、専門分科会を活用できず国民には忖度のみが印象付けられている。第四に科学的思考が希薄に感じられる。

　第一と第二は事実である。第三は国民の恐怖心が原因といえるが、30年間沈没した日本を再起動するために第3章（p40～）で提言した。第四の科学的思考ができない直接原因が存在しているので、本項で考察する。

①検査体制が整わず、PCR検査は一部のみで、残りは手付かず。把握不能に陥った。

②保健所は重症者に重点を置き、ICU不足のまま人命救助に注力した。

③医師会に命令せず、病床が固定化され、医療崩壊が危惧される。

④一方、見えない感染者（数倍か？）を把握できず、ついに家庭待機を発動した。

⑤シミュレーション偏重で科学的見地に基づかないため、効果が上がらなかった。


　医師団も政府も最大限の努力をしていることは事実である。感謝したい。

　ここで注目するのは科学的手法の放棄ともいえる政府のコロナ管理指標である。

　表8の管理指標を見れば、分母に不明確なデータを使用しているのが分かる。これについては次項で例示する。

## 表8　日本の管理指標

| No. | 指標 | 評価 | 数式 分子 | 数式 分母 | 問題点 分子 | 問題点 分母 | 改善可能性 分子 | 改善可能性 分母 | 要因 |
|---|---|---|---|---|---|---|---|---|---|
| ① | 感染者数 | × | 陽性者数 | PCR検査数 | ○ | 一部× | – | 方針なし× | リーダー不在 |
| ② | 死者数 | ○ | 死者数 | – | ○ | | | | – |
| ③ | 死亡率 | × | 死者数 | 感染者数 | ○ | 一部× | – | 方針なし× | 危機管理欠如 |
| ④ | 陽性率 | △ | 陽性者数 | PCR検査数 | ○ | 一部× | – | 方針なし× | 目的意識欠如 |
| ⑤ | 無症状率 | △ | 非陽性者数 | PCR検査数 | ○ | 一部× | – | 方針なし× | 目的意識欠如 |
| ⑥ | 実効再生産数 | × | 新感染者数 | 旧感染者数 | 一部× | 一部× | 方針なし× | 方針なし× | 非科学的思考 |
| ⑦ | 感染経路不明率 | × | 非経路明確者 | PCR検査数 | 一部× | 一部× | 方針なし× | 方針なし× | 非科学的思考 |
| ⑧ | 病床の逼迫率 | △ | 入院可能病床数 | 対象病床数 | ○ | 一部× | – | 定義なし× | リーダー不在 |
| ⑨ | K値 | ○ | 感染者数 | 死者数 | 一部× | ○ | 方針なし× | ○ | コロナの本質 |
| ⑩ | 病床率 | × | 変異株感染者数 | 利用可能病床数 | 一部× | 一部× | 方針なし× | 方針なし× | リーダー不在 |

筆者作成

## 分数の意味

　分数は分母に対する分子の割合を示す。従って、分母が不明瞭で事実から乖離していれば、割合は不正確である。前頁の表で正確なのは唯一死者数であり、死者数を分母にしたＫ値は意味のある指標になる。各指標を具体的に評価する。


　①感染者数……政府が各機関から集めた総計データである。
　（評価）×　各機関の事情や能力・機能によりばらつき、それを積み上げた数字である。
　②死者数……政府が各機関から集めた総計データである。
　（評価）○　葬儀を国が行うので正確である。
　③死亡率……数式②／①で算出したデータである。
　（評価）×　①が分母となっており、誤差が拡大される。
　④陽性率……PCR検査結果のデータである。
　（評価）×　無検査、無症状者が多く、全体像はつかめない。
　⑤無症状率……PCR検査結果のデータである。
　（評価）×　無検査、無症状者が多く全体像はつかめない。
　⑥実効再生産数……感染者1を基準とした拡大のデータである。
　（評価）×　感染者が不明確である。
　⑦感染経路不明率……全体から経路解明数を差し引いたデータである。
　（評価）×　全体が不明なのでデータは不明である。
　⑧病床の逼迫率（重症者用／全病床数）……政府公表のデータで全体ではない。
　（評価）△　全病棟数の定義が不明確である。


　表9で示されるように諸悪の根源は①の事実誤認にあり、これを解消することは不可能である。


　2023年5月に5類に移行するまでは詳細な発表がされていて、そのデータに取り組んだ。

**表9　分数の意味**

$$指標 = \frac{分\ 子}{分\ 母}$$　分母が明確なのは　②と⑨のみ

＊日本は指標の分母にほとんど感染者数を採用している。実際ははるか
　に多い感染者数であるといわれており、指標は意味をなさない。例え
　ば3倍の感染者数と仮定した次の例を見れば分かる。

日本　政府：　1万5千人/150万人⇒1%

実際（仮定）：1万5千人/450万人⇒0.3%

筆者作成

## 10.3　変異株拡大期…軌道修正

　コロナは拡大途上で突然変異し、変異種が発生する。新型コロナでは最も猛威を振るったのがインド起点のデルタ株である。

　この株の追跡で明らかになったことは、感染速度が大きいこととK値が小さくなる（死亡率が高くなる）ことの2点であり、他は変わらない。変異後の拡大軌道は勾配が小さくなり、K値も小さくなる。

　変異が進行することにより死亡率が高くなるが、死亡者の増大速度が大になることと同一ではない。死亡速度は死亡者数を日数で割れば算出できるが、コロナ対策の本質は収束へ向かうことであり、インフルエンザ相当になることを理解したい。

## 図40　主要国の拡大軌道

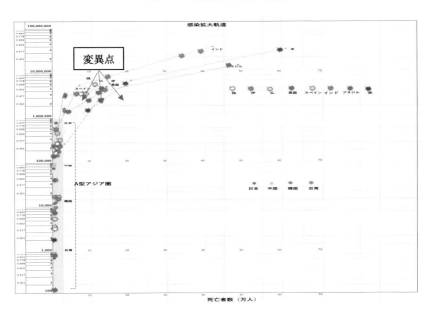

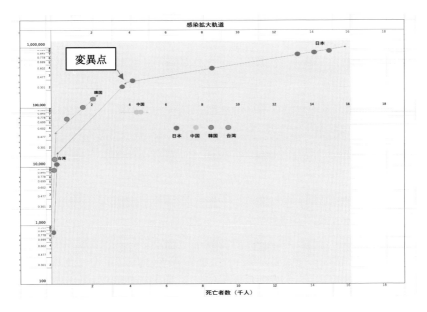

公開データより筆者作成

## 10.4 新型コロナの本質

　地球上の全ての生物はそれぞれ一定のルールに従って進化している。一定のルールは専門家によって明らかにされてきた。コロナは新たに発生したウイルスであり、発生や感染拡大のメカニズムを解明することが重要であるが、緊急の課題は感染拡大防止策と感染者の人命救済策である。

　筆者は前項で述べたように、初期に公開報道される情報は整理されたものではなく、さらに共有化されないため混乱が起きていると想定した。なぜこのようなことが起きるのかはデータを正確に理解することから始めなければならない。

1）コロナの本質を知るための政府公表データ

　　一般的にデータには二つの種類がある。まずは不可変のデータまたは観察情報、次は条件付きデータまたは条件付き観察情報である。死者数は前者で間違ったり加工したりすることは不可能であり禁止される。後者は条件を任意に選択して作成できる。この後者の具体例として感染者数があり、国によってその出所が異なる。日本の例を報道情報で見ると、①窓口の保健所は縮小された、②病院数や医者数は世界的に遜色ないがPCR検査を抑制し自宅療養へ誘導した、③無症状は放置した、④日本のデータは比較的低い値であるが、国民性や政府政策の成果とした。これ等により実際の感染者数は不明である。倍以上あるとしても不思議ではなく、否定もできない。

2）コロナの本質を知るための世界公表データ

　　世界の主要国の多くはPCR検査に最大の努力を払い、その結果である感染者の治療を行ってきた。つまり、検査がスタートラインであるので、水際対策⇒ロックダウン⇒治療がマニュアル化された。

3）この差はどこから生まれるのか

　　この章はコロナに関して考察する章であるが、上記の比較からは解決策は見いだせない。第4章で提言した通り、30年間沈没した日本を再生させるには、本質に目覚めなければならないことに再度触れなくてはならない。
　　PDCAからCAPDへ！
　　日本はタコツボに入っているが、ゆでガエルにはなっていない。きっと再び陽が昇る。

## 図41　CAPD

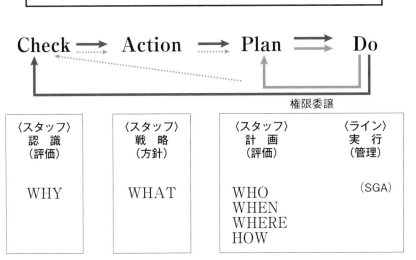

筆者作成

1）CAPDで何が分かったか

　Plan⇔Doの試行錯誤を止め、Check⇒Actionからスタートすれば何か
が見えてくる。

　コロナに関しては日本のぬるま湯の実体が解決を阻んでいるとすれば、
これを率直に認めて他の手段を大胆に進める環境を作るのが最善の戦略で
ある。

　①日本をはじめアジアの国のコロナ耐性は欧米に比べて大きい。

　②感染拡大はウイルスのルールに従い、爆発的拡大は起きない。

　③変異化により感染軌道は修正され、新たなルールに従う。

　④感染は拡大と消滅が並行して進行し、後者が優先して収束へ向かう。

　以上のことはデータに示されており、仮説の段階であるが法則や原理に結び
付く。表10の法則と原則は発明や発見（特許）に似ており、世界で論じられ
たことはない。本稿では敢えて「原理・原則」とした。多くの専門家の御意見
を寄せていただければ幸いである。

　今後専門家によってこの仮説は実証されると期待するが、そうであれば日本
の戦略を明確に設定し、国民と共有化して経済対策を力強く踏み出せる。

## 表10　コロナの本質（仮説）

| | | |
|---|---|---|
| **法則1** | 感染はBCGワクチンの接種型に支配される | A型では極度に耐性が大 |
| | 日本はA型に属している | |
| **法則2** | 感染拡大軌道は国特有の勾配を持つ（K値） | 10000 × log（感染者数）/ 死者数 |
| | 軌道は一直線を描く | |
| **原則1** | 変異化により新軌道に乗り移る | 10000 × log（感染者数）/ 死者数 |
| | 乗り移り後は法則2に従う | |
| **原則2** | 拡大と並行してXメカニズムで収束へ向かう | 必ず収束する |
| | 2説が有力 | |

**筆者作成**

## 10.5　まとめ

　コロナは地球上に人類共通の災害を引き起こし、多くの死者を発生させた。世界の全ての国はそれぞれの異なる環境と条件下で未曽有の苦難を強いられた。しかし、コロナが教えてくれている事がある。

　初期は自国の対応が手一杯で相互援助が進まず、困難な状況が続いた。最近各国首脳のリーダーシップによりワクチンの開発と分配が順調に進み、感染も確実に収束へ向かいつつある。一方、世界はコロナ対応の過程で大きな変化が起きていることに注目したい。

　その第一は地球レベルの共通目標である気候変動枠組条約の推進である。COP3をリードした日本も積極姿勢に転じ、カーボンニュートラルへの挑戦を開始した。約30年の長期計画で実現の可否は問題であるが、いずれにしても激しい競争が繰り広げられ、革新技術が創成されることが期待できる。日本は多くの面で途上国と同レベルまで地位が低下しているが、チャンス到来で再び技術立国としてリードする日が来ることを期待する。コロナ政策では国民性の議論をする暇はない。ゼロベースでやり直そう。

　その第二は企業の仕組みや個人のライフスタイルが激変したことである。特に日本では勤務形態がすでに変化し、人事・評価システムが進化している。会社へ行くこと自体が仕事になった社会はほとんどなくなった。欧米化する必要はないが、このことは日本的負の慣習が消滅しつつあることを示唆している。一方、多くの企業が原材料の高騰を理由にコストダウンに向かい、安住してきたタコツボに入り込む傾向が見られる。ここですべての人が立ち止まり、30年間の長いトンネルから抜け出す第一歩を踏み出そう。これがコロナの教えである。

**コロナが国を変える！**

# あとがき

　筆者は中学時代に宇宙物理学の道を歩みたいと思った。その夢は叶えられなかったが、自然科学の領域で化学に関わる仕事に集中できたことに感謝している。

　1935年に入社した会社は国内3位の繊維会社で、地方っぽく自由な会社で自分に合うと思った。しかし、初任配置、人事異動、テーマ選択等、色々な岐路で迷い、会社とは違う方向へ歩んでいるように思えた。

　時が過ぎ大きな組織で仕事をするようになり、この考えが一変した。会社という漠然としたものではなく、「自分か上司か」の選択であることに気付いた。この選択は岐路を意味しており、上司の指示に従えば上司の道へ進んでいたが、自分の志す道を選ぶことで新しい道が拓けた。これが自分にとって大きな力となり何事も勇気を持って挑戦できた。挑戦させてもらえる会社はやはり自分に合う会社であった。

　上司や部下からみれば難しい一員であったに違いないと振り返って思い出されるが、今は感謝の気持ちで一杯である。ノーベル賞受賞者が出るような会社で働けたことを誇りに思い、将来多くの団体から多受賞者が輩出することを願って止まない。

　本稿を世に送り出すことが出来たのは、若狭勝先生はじめ文芸社の山田宏嗣様、宮田敦是様他多くの方々のご指導によるものであり、心から感謝申し上げます。

2023年8月1日　祝迫　敏之

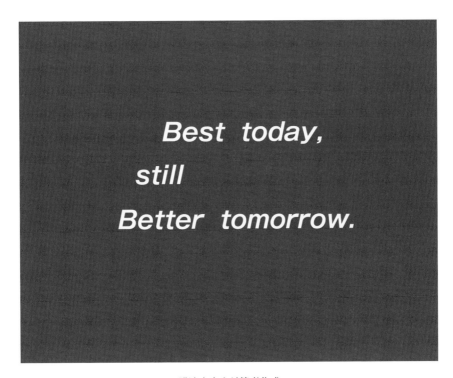

講演内容より筆者作成

再び陽が昇る日

著者プロフィール

## 祝迫 敏之（いわいさこ としゆき）

| | |
|---|---|
| 出身県 | 鹿児島県 |
| 学歴 | 1954 年　鹿児島県立頴娃高校 普通科卒 |
| | 1960 年　横浜国立大学　工学部卒 |
| 職歴 | 1960 年　旭化成入社、テナック工場長、石化原料事業部長、川崎製造所所長等を担当 |
| 受賞歴 | 大河内賞、市村賞、日本化学会賞、高分子学会賞、化学工学会賞、全国発明表彰他 |
| 現 | 一般社団法人ディレクトフォース会員 |

## 日本の再起動　PDCA から CAPD へ

2023年11月15日　初版第 1 刷発行

著　者　祝迫 敏之
発行者　瓜谷 綱延
発行所　株式会社文芸社
　　　　〒160-0022　東京都新宿区新宿1－10－1
　　　　　　　　　電話 03-5369-3060（代表）
　　　　　　　　　　　03-5369-2299（販売）

印刷所　株式会社フクイン